玛瑙山
考古、文献与口碑

贵州省博物馆
贵州省文物考古研究所
凤冈县文体广电新闻出版局
编著

科学出版社
北京

内 容 简 介

玛瑙山营盘是在清代咸同起义背景下，由政府倡导、当地乡绅钱青云（1808~1864）于咸丰七年（1857）主持营建的一处自卫性山地营垒，是数量庞大的清代山城的代表性遗存，也是窥视19世纪中后叶王朝体系全面崩溃时期中国乡村治理的一面镜子。

图书在版编目（CIP）数据

玛瑙山：考古、文献与口碑/贵州省博物馆，贵州省文物考古研究所，凤冈县文体广电新闻出版局编著. —北京：科学出版社，2018.12
ISBN 978-7-03-060038-7

I. ①玛… II. ①贵… ②贵… ③凤… III. ①考古-研究-凤冈县 IV. ① K872.734

中国版本图书馆CIP数据核字（2018）第282955号

责任编辑：柴丽丽　吕　治/责任校对：邹慧卿
责任印制：肖　兴/封面设计：金舵手世纪/封面题字：朱良津

科学出版社 出版
北京东黄城根北街16号
邮政编码：100717
http://www.sciencep.com

中国科学院印刷厂 印刷
科学出版社发行　各地新华书店经销

*

2018年12月第 一 版　　开本：720×1000　1/16
2018年12月第一次印刷　　印张：11 1/4　插页：1
字数：210 000

定价：200.00元
（如有印装质量问题，我社负责调换）

前　　言

　　凤冈玛瑙山营盘是明清山城的代表性遗址，我们对它的认识，有一个变化的过程，可能代表了大多数人对玛瑙山的认知。起初，在初步踏勘的基础上，我们接受当地的说法，即认为玛瑙山营盘始建于宋，明代重修，清代扩建。后来主持海龙囤遗址的发掘，搜检文献，发现万历二十八年（1600）明军平定播州时，曾在东路的"玛瑙囤"与播军发生激烈战斗，便想当然将二者等同，认为玛瑙山营盘明代便已存在。然而，随着海龙囤遗址发掘工作逐步深入，加之我们对周边的部分山城进行了地面踏勘，逐步形成的认识是但凡出现炮台、射击孔等与火器相关设施的山城，其年代早不过明代，应为清代遗存。这是因为黔北最具实力的杨氏家族所营建的海龙囤上并未发现类似设施，而文献记载也清晰地显示出万历二十八年的播州之役中，播军仅使用零星的火器，这反映了明代晚期火器在西南地区使用的一般情景。海龙囤尚且如此，遑论其余。

　　2015 年以来，凤冈县加大了文化遗产挖掘与保护的力度，并有了玛瑙山申报世界文化遗产的设想。2016 年 8 月 12 日，我们受邀对玛瑙山进行实地踏勘，之后我曾撰文讨论玛瑙山营盘的年代与性质等基础性问题，否定了玛瑙山即明之"玛瑙囤"的认识，认为其系一处清代营盘，是在清咸同起义背景下，地方武力修建的用以自保的防御工事，是同一时期全国大量涌现的寨堡的典型个案，亦是山地中国的代表性遗存❶。2016 年 9 月，贵州省文物考古研究所与凤冈县文体广电新闻出版局签署协议，计划对玛瑙山遗址展开调查、测绘、试掘和初步研究工作。在海龙囤遗址之后，对贵州境内近千处山城中一两处年代稍晚的遗址开展一些较为深入的工作，以深化对明清山城的认识，并检视前述关于火器使用与营盘建筑特点关系的推断，是我当时内心急迫的想法，因此欣然接受了该任务。

经过一段时间的筹备，2016年12月22日，贵州省文物考古研究所派出海龙囤遗址发掘团队成员韩文华、谢长勇、黄昆明、赵恩春与凤冈县文物管理所周志龙所长联合组队，进驻玛瑙山。旋即，云南大学考古研究中心陈果副教授亦派其硕士研究生李炎、高源来援。按计划，将队伍分成调查、测绘、航拍、试掘与文献采集组，既分工又协同，积极开展工作。本书的提纲也是在此时拟定的，反映了我们从田野考古、文献记载和口碑传承三位一体来开展晚期遗存研究的努力。

调查是所有工作的基础，以厘清垣墙、营内设施与周边遗存为重心，之后也对离玛瑙山有一定距离的官田古寨、绥阳场盆地等进行地面踏勘。在调查的基础上展开试掘、航拍与测绘。试掘工作主要在营内进行，重点是考察营内堆积及其时代。测绘的工作尤为繁重，因为涵盖了全营每一条垣墙、每一个门道以及每一个遗存，包括地下空间。而测绘的准确度，是以调查和认识的准确度为基础的。文献的采集，包括固定的文本和流动的文本，前者指族谱和碑刻材料的收集与整理，后者则是民间口口相传的关于玛瑙山的传说。在寒冬里不时飘零的细雨中，我们没有一个休息日，在白天繁重的田野工作之后，晚间细致地整理相关材料，常常加班至凌晨两三点。如此22天，至2017年1月12日，田野工作落下帷幕，本书编纂所需的信息采集工作基本完成。

按计划，系统的整理工作将随即跟进。但2017年春节刚过，我因岗位调整，离开了贵州省文物考古研究所，就职于贵州省博物馆，所有工作便停滞下来。如此过了一年，2018年初，凤冈县文体广电新闻出版局按照协议的规定，要求提供最后的研究报告，玛瑙山资料的整理于是又重新提上议事日程。其间，我在贵州省委党校中青年干部培训班学习，只有利用闲暇的时间，硬着头皮逐一梳理调查材料，启动报告的编写工作。正在余庆开展田野工作的谢长勇，也挤出时间，对图纸中存在的问题进行了逐一细致的修改。众人一起努力，形成了眼前这本小书，也算是对寒冬中鏖战玛瑙山的一点纪念。

如前所述，明清时代的社会变革与动荡背景下，不独贵州，全国出现了大批的山地营盘用以自保❷，而贵州境内的这类遗存有近千处之多，数量颇巨，但此前除了对明代由土司重建的海龙囤遗址有深入、系统的发掘与认识外，其余则暂付阙如。玛瑙山遗址的调查与试掘，对认识明清山城无疑是一个有力的补充。我们期望这项工作对研究清代山城、咸同起义、地方武装与 19 世纪中国乡村治理能有所助益。果如此，则庶几功德圆满。

注释

❶ 李飞:《清代山城防御：以贵州凤冈玛瑙山遗址为中心》,《西华大学学报》(哲学社会科学版) 2017 年第 4 期。

❷ 杨国安讨论了清代湖北乡村中的寨堡，据载，"蕲黄有山砦三百有奇，名砦四十八"，足见数量亦不菲。详见杨国安:《社会动荡与清代湖北乡村中的寨堡》,《武汉大学学报》(人文科学版) 2001 年第 5 期。

目　录

前言 ······ i

壹　历史与环境 ······ 001
　　一、凤冈历史沿革 ······ 002
　　二、玛瑙山的环境 ······ 002
　　三、探索的历程 ······ 004
　　四、遗址概说 ······ 005

贰　防御设施 ······ 011
　　一、垣墙的类型 ······ 012
　　二、射击孔与炮台 ······ 015
　　三、碉楼与哨台 ······ 019
　　四、门道与道路 ······ 023
　　五、小结 ······ 032

叁　营内遗存 ······ 035
　　一、基址 ······ 036
　　二、钱宅 ······ 038
　　三、碓窝与碾槽 ······ 040
　　四、采石场 ······ 043

五、遗物 ·· 045
　　六、墓葬 ·· 050
　　七、小结 ·· 060

肆　地下的世界：空间的立体利用 ·· 063
　　一、中营地下空间 ·· 064
　　二、子营地下空间 ·· 066
　　三、不同空间的结合 ·· 066
　　四、小结 ·· 067

伍　族谱与祖茔：玛瑙山背后的家族 ·· 069
　　一、玛瑙山与钱氏 ·· 070
　　二、族谱与世系 ·· 071
　　三、钱氏祖茔 ·· 074
　　四、小结 ·· 114

陆　流动的文本：口碑中的玛瑙山 ·· 117
　　一、任正隆起义 ·· 118
　　二、铸炮师 ·· 121
　　三、营中的炮 ·· 122
　　四、"咸同号乱"与玛瑙山 ·· 122
　　五、土地庙 ·· 125
　　六、蓝白场 ·· 126
　　七、深夜追印 ·· 129
　　八、老营盘 ·· 130
　　九、钱氏先祖 ·· 131
　　十、小结 ·· 132

柒　上山的艺术：地方武装与乡间秩序 ⋯⋯⋯⋯⋯⋯⋯ 135

  一、玛瑙山营盘的年代与性质 ⋯⋯⋯⋯⋯⋯⋯⋯ 136
  二、咸同起义与清代山城 ⋯⋯⋯⋯⋯⋯⋯⋯⋯ 153
  三、地方武力与乡村治理 ⋯⋯⋯⋯⋯⋯⋯⋯⋯ 155
  四、小结 ⋯⋯⋯⋯⋯⋯⋯⋯⋯⋯⋯⋯⋯⋯⋯ 157

结语　考古、文献与口碑 ⋯⋯⋯⋯⋯⋯⋯⋯⋯⋯ 161

后记 ⋯⋯⋯⋯⋯⋯⋯⋯⋯⋯⋯⋯⋯⋯⋯⋯⋯⋯ 165

插 图 目 录

图 1-1　玛瑙山遗址地理位置
　　　　示意图…………………003

图 1-2　玛瑙山遗址总平面图……插页

图 1-3　玛瑙山航拍图（北部）…006

图 2-1　垣墙的类型……………013

图 2-2　垣墙的结构……………014

图 2-3　射击孔…………………015

图 2-4　一号炮台（P1）航拍图…017

图 2-5　炮台的类型……………018

图 2-6　碉楼航拍图……………019

图 2-7　碉楼平、剖面与外
　　　　立面图…………………021

图 2-8　东哨台航拍图…………022

图 2-9　A 类门道………………024

图 2-10　B 类门道………………026

图 2-11　B 类Ⅱ型门道…………027

图 2-12　乾隆五十八年（1793）
　　　　《修路碑记》拓本………029

图 3-1　营内基址………………037

图 3-2　坑状基址底部…………037

图 3-3　钱宅内"岁进士"
　　　　匾拓本…………………039

图 3-4　夹杆石…………………039

图 3-5　碓窝……………………041

图 3-6　碾槽……………………042

图 3-7　楔眼……………………044

图 3-8　营内采集的瓷器………047

图 3-9　营内明墓………………051

图 3-10　钱仁义墓坟茔…………052

图 3-11　钱仁义墓碑拓本………053

图 3-12　钱母李氏墓碑拓本……055

图 3-13　钱母熊氏墓坟茔………057

图 3-14　钱母熊氏墓碑
　　　　拓本……………………058

图 3-15　中营西溶洞入口左侧的
　　　　无名炮匠墓……………059

图 4-1	玛瑙山遗址地下空间平面图……插页	图 5-12	钱青云墓右碑拓本……096
图 4-2	玛瑙山地下空间……065	图 5-13	钱青珍墓主碑拓本……098
图 5-1	同江墓地航拍图……076	图 5-14	钱青珍墓左碑拓本……100
图 5-2	钱镐墓碑拓本……078	图 5-15	钱青珍墓右碑拓本……101
图 5-3	钱母方氏墓碑拓本……080	图 5-16	钱青莲墓主碑拓本……103
图 5-4	钱通义墓四棱碑拓本……082	图 5-17	钱青莲墓右碑拓本……105
图 5-5	钱通义墓右碑拓本……083	图 5-18	钱世瑛墓碑拓本……106
图 5-6	钱通义墓左碑拓本……085	图 5-19	钱世玗夫妇墓主碑拓本……108
图 5-7	钱开义墓碑拓本……087	图 5-20	钱世玗墓碑拓本……110
图 5-8	钱母杨氏墓碑拓本……089	图 5-21	钱世玗妻艾氏墓碑拓本……111
图 5-9	钱母唐氏墓碑拓本……091	图 5-22	钱绍熹墓碑拓本……112
图 5-10	钱青云墓主碑拓本……092		
图 5-11	钱青云墓左碑拓本……094		

插 表 目 录

表 5-1　官田钱氏世系简表 ·· 072
表 7-1　遵义寨堡举要 ·· 138

壹

历史与环境

一、凤冈历史沿革

凤冈县境，隋初置明阳县，为明阳郡治。大业八年（612），别置宁夷县；大业十二年（616），置绥阳县。三县均在今县地。

唐初，废明阳郡县，宁夷、绥阳二县隶夷州；州治先在宁夷，后移绥阳。

宋政和七年（1117），置安夷县，属思州。宣和四年（1122），废为堡。绍兴二年（1132），复置。

元置大保龙泉长官司，后改龙泉坪长官司，治在今德江县境。

明洪武初，思州宣慰司改治都坪（今岑巩），复置龙泉坪长官司于今凤冈境，隶思南宣慰司❶。永乐十二年（1414），废思州、思南两宣慰司，析其地分置四府，龙泉司隶石阡府。万历二十九年（1601），改为龙泉县，仍隶石阡府。万历三十二年（1604），巡抚郭子章、知县凌烁鹏建石城❷。

清咸丰、同治年间，号军扰境。

民国二年（1913），改凤泉县，撤石阡府，划属黔东道。民国十二年（1923），废黔东道，改由省直辖。民国十六年（1927），改凤冈县❸。

1949年设遵义专区（今遵义市），凤冈属之。

二、玛瑙山的环境

玛瑙山位于凤冈县城北约20千米的绥阳镇玛瑙村官田组。绥阳镇政府所在地，旧称绥阳场，西距玛瑙山约2千米，是一个狭长的山间小盆地，夹于官田河与绥阳河之间，地势平阔，面积在4平方千米左右。玛瑙山坐落于盆地东缘的山地，山西不远即绥阳河，蜿蜒向东北流，注入丰乐河（洪渡河上游），最终于沿河县洪渡镇境注入乌江（图1-1）。

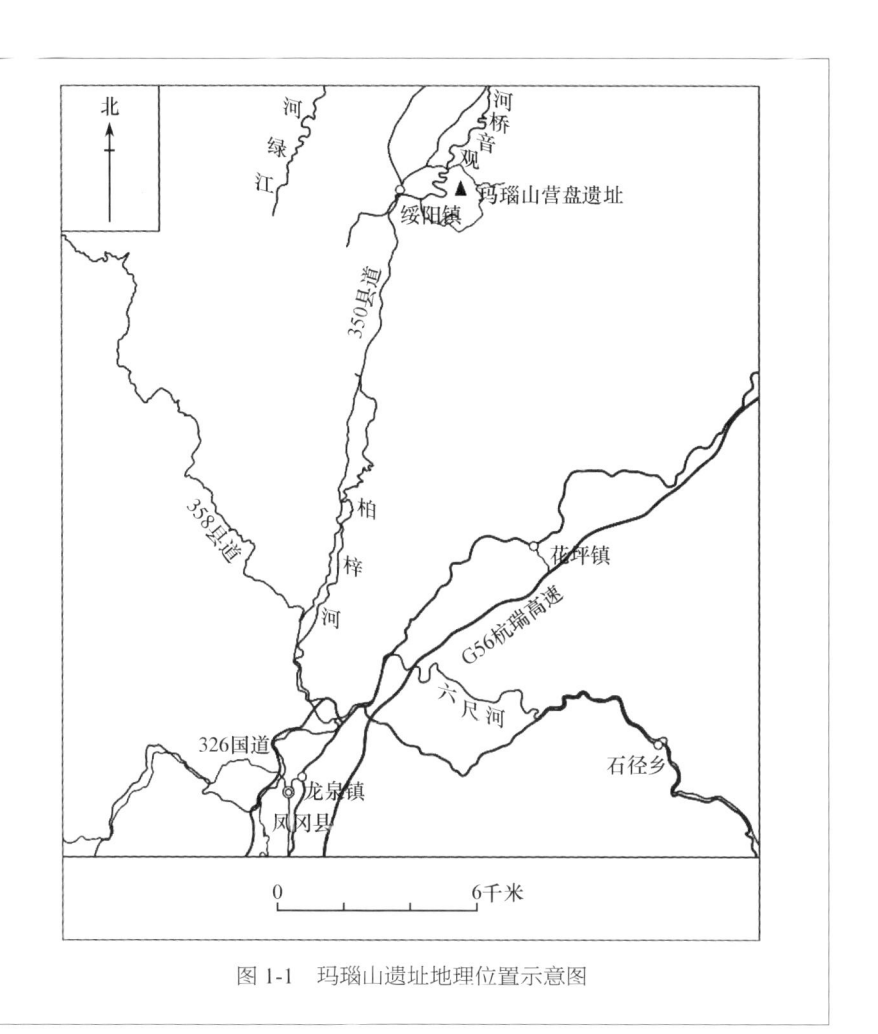

图 1-1 玛瑙山遗址地理位置示意图

盆地内曾发现疑似夯土城垣，调查者认为其年代不晚于明❹。若真有城，则不排除其与该地历史上"绥阳县"的建置有关的可能。这一遗存还有待进一步调查，但盆地北缘确有宋代遗存发现，系一组石室墓，凡3座，称立竹溪宋墓。其中一座内有青龙、白虎、朱雀和玄武雕刻，应是一座南宋墓葬❺。反映出至迟在宋代，绥阳场一带应已有人居住。

山之西侧，有小溪蜿蜒，曰同江，向北注入绥阳河，两岸有田亩。山东不远即官田古寨，山、寨之间为平畴。寨内有居民40余户150多人，以钱姓为主。古寨大约形成于清初，由巷子、四合院、石墙、龙门等组成❻。自绥阳场抵官田古寨的古道，穿玛瑙山而过（详见后文乾隆五十八年《修路碑记》）。换言之，玛瑙山成为由绥阳场向东抵达官田古寨及其附近村落的一道天然屏障。

据凤冈县第三次全国文物普查资料，与玛瑙山类似的营盘遗址，在凤冈县境至少有进化镇黄狼坪遗址，花坪镇大营山遗址、金子山遗址、头老山遗址，琊川镇偏刀水遗址5处，皆是清咸同起义时所遗❼。其共同的特点是环山筑石墙一周或数周，以作防御。而同一时期、同一性质、同样形制的营盘遗址，光绪《湄潭县志·武备志·营砦》即载70余处，称之为"营"、"砦"或"囤"❽。民间一般称之为"营盘"，意即驻军之地。亦可称之为城。在凤冈，类似营盘的数量当不止于此。

三、探索的历程

前揭光绪《湄潭县志·武备志·营砦》是较早记录玛瑙山的文献，文曰："金磐山营，一名玛瑙山，城北百三十余里，平地突起，山坞怪石嵯峨，坞底一洞，幽深曲折。武生钱青云鸠工凿石，就势建垣，因营此。"❾同书又记："钱青云，武生，好义轻财，世乱毁家，立营金盤山，雁户如归，为一方保障。"❿重申玛瑙山营盘为钱青云所建。据同治十三年（1874）《钱氏族谱》记：钱青云，"岁咸丰在位。于七年辛（丁）巳，白贼叛乱，我叔云翁，捐金修营于马脑山，取名金磐山。并聚族众，招练防剿，远近众皆乐输役。因此贼不敢正视，地方得以偏安。兹固叔之大力，非深明大义者不能也。所以芳声远播，地方官将叔申达京邑，保举蓝翎，准给六品冠带。不幸贼未萧（肃）清，过劳，病故于同治三年六（八）月，没（殁）于金盤山营。遂葬于铜江水通义祖之墓左"⓫。铜江即同江。

以上记载显示，玛瑙山又名马脑山、金磐山，或金盤山，其上营盘系钱青云在咸丰年间为护卫地方而修建的。

1999年12月，玛瑙山遗址被公布为省级文物保护单位，名称是"玛瑙山营盘遗址"。在这前后出版的相关文献，有的将玛瑙山营盘的始建年代大幅提前，至南宋❷。较为权威的《贵州省志·文物志》称其"相传始建于宋，清咸丰、同治年间（1851～1875）当地望族之首钱青云为抵御号军而将其扩建"❸。主张宋代始建，清代扩建。这是目前所见多数文献的说法。但"宋代说"主要依据的是当地广为流传的关于任正隆的传说，值得讨论❹。

玛瑙山营盘虽已公布为省级文物保护单位，但因基础工作薄弱，致使关于它的许多说法模棱两可，莫衷一是。鉴于此，2016年12月～2017年1月，贵州省文物考古研究所与凤冈县文体广电新闻出版局联合组队，对玛瑙山遗址进行了系统的调查、试掘和勘测工作，并对流传于周边的口碑传说进行收集。本书即是基于这些基础材料，结合文献记载，对玛瑙山遗址进行的一次较为全面的梳理。

四、遗址概说

玛瑙山是一组兀起平畴、高低起伏的山峦，营盘遗址居其南端，地势不甚高峻，海拔835～877米，最高处高出周边田畴约30米。石砌垣墙将6座山峦连缀为一个整体，不同垣墙围合的区域既各自独立，又彼此相通。外围基本闭合的垣墙长约960米，其围合的面积约3.7万平方米。垣墙及碉楼、哨台上共开门道41个，营内道路纵横。垣墙与碉楼上设有射击孔，现可统计者有52个。营内有炮台11处，碉楼1座，哨台3座。另有民居1栋，夹杆石2组，墓葬数座。

民间的传说，不同空间分属于钱、杨、安、丁、李诸姓的营盘以及子营。其中，居高居上、规模宏大、墙体规整者即钱青云当年所建的"中营"，其余各家环之而建"次营"，但彼此间的对应关系则说法不一。一般认为，钱营之北为杨营，西北为安营，东为丁营，李营则在南端山

图 1-3　玛瑙山航拍图（北部）

壹 历史与环境

巅。虽难一一对应，但诸姓各建营盘而成一体的口碑文献应是基本可靠的。据光绪《湄潭县志》记载，海龙、石凤、笔山三营即同在一地，相互拱卫。"海龙营，城北八十余里，二面悬岩，溪河环绕，李天荣营此。石凤山营，与海龙营相接，王成斋营此。笔山营，与海龙、石凤相连如品字形，王若兰营此。"❺

中央的山坳，将遗址分为北、南、中三区。钱、杨、安、丁诸姓的营盘集中在北区山巅。南区一圈基本闭合的垣墙外围，又有零星的、并不连缀的几段石墙以为防护，结合地形看，应是没有完成的工事。南区3座山峦顶，各有一座平面呈方形的哨台遗迹，仅存基础。中央山坳地势低平，东西两端各设城门，中央为钱氏老宅，宅西遗有夹杆石2组，宅东平地，传为集市。宅南设碉楼，碉楼内有南北通道，南接子营，北向中营。营内道路幽曲。子营内有溶洞向东北迂回，通往营外。中营内亦有溶洞北通无名炮匠墓，南通钱宅北侧，可经碉楼通向子营溶洞。此即《湄潭县志·武备志·营砦》所记"坞底一洞，幽深曲折"者。

营西同江畔，有钱氏墓地。营内及其周边，也有零星墓葬分布（图1-2、图1-3）。

注释

❶ 关于元、明龙泉坪长官司的考辨，参见王珺偲、安成勇：《龙泉坪长官司》，《贵州政协报》2017年8月24日A3版。

❷ 王燕玉：《贵州史专题考》，贵州人民出版社，1980年，第274页。

❸ 贵州省凤冈县地方志编辑委员会：《凤冈县志》，贵州人民出版社，1994年，第1~15页。

❹ 参见《绥阳城墙遗址》，凤冈县文体广电旅游局编：《历史的记忆——凤冈县第三次全国文物普查成果汇编》，内部印行，2013年，第5页。

❺ 遵义地区文物管理委员会等：《遵义地区文物志》，内部印行，1984年，第70页；以及2017年1月1日现场调查。

❻ 参见《官田古寨》，凤冈县文体广电旅游局编：《历史的记忆——凤冈县第三次全国文物普查成果汇编》，内部印行，2013年，第118页。

❼ 凤冈县文体广电旅游局编：《历史的记忆——凤冈县第三次全国文物普查成果汇编》，内部印行，2013年，第3~10页。

❽ （清）吴宗周修：《湄潭县志》卷六《武备志·营砦》，《中国地方志集成·贵州府县志辑》，巴蜀书社，2006年，第39册，第510~514页。

❾ （清）吴宗周修：《湄潭县志》卷六《武备志·营砦》，《中国地方志集成·贵州府县志辑》，巴蜀书社，2006年，第39册，第512页。

❿ （清）吴宗周修：《湄潭县志》卷七《人物志·孝义》，《中国地方志集成·

贵州府县志辑》，巴蜀书社，2006年，第39册，第550页。

⑪ 官田钱氏所藏手抄本。其中"七年辛巳"，显系"（咸丰）七年丁巳"之误，即1857年。另钱青云卒年，墓碑记为"八月"，当以碑为是。据碑文，钱青云生于嘉庆十三年（1808），卒于同治三年（1864），享年56岁。碑文详后。

⑫ 主此意见的有海滨等：《南宋大型军事洞堡》，《西南民兵》1994年第12期；阿里：《玛瑙山上古洞堡》，《贵州画报》1996年第5、6期；凤冈县文体广电旅游局编：《历史的记忆——凤冈县第三次全国文物普查成果汇编》，内部印行，2013年，第2页。

⑬ 贵州省地方志编纂委员会：《贵州省志·文物志》，贵州人民出版社，2003年，第195页。

⑭ 任正隆的传说广泛流行于绥阳、土溪等地，详后。据万历郭子章《黔记》卷一〇《山水志下》：石阡府"东南五十里有将军山，宋绍兴二年（1132），任正隆之变，都机安文于此誓师，故名。"知任正隆为南宋时人。《中国地方志集成·贵州府县志辑》，巴蜀书社，2006年，第2册，第244页。

⑮ （清）吴宗周修：《湄潭县志》卷六《武备志·营砦》，《中国地方志集成·贵州府县志辑》，巴蜀书社，2006年，第39册，第512页。

贰

防御设施

防御设施主要由垣墙（及其上的射击孔）、炮台、碉楼与哨台，还有开在垣墙、碉楼与哨台上的门道以及与之相连的道路等组成。当然也包括利用天然溶洞形成的地下空间，将在后文详述，兹不赘。

　　垣墙是玛瑙山现存遗迹的主体。以中营为中心，由内而外、由小到大，垣墙可以分为四圈。内圈即中营垣墙，规整方正，整体呈长方形。其外的第二、第三圈垣墙，因山势蜿蜒，不甚规则。第四圈垣墙仅在南部山坳有零星分布，没有形成完整、闭合的圈层。由内而外的第三圈垣墙，局部利用了山险，也未完全闭合。该圈之内，又有纵横的垣墙，将城内分割为不同空间，分别形成杨家营盘、丁家营盘、安家营盘和子营。垣墙规整方正的中营，即钱家营盘。

　　垣墙之上，设有射击孔，现可统计者32个。沿垣墙有炮台分布，可确定者11个，主要设在第三圈垣墙以里，少数设于其外。钱宅与子营之间，设碉楼1座；南侧山巅设哨台3座。垣墙、碉楼与哨台上，共开门道41个，与道路连为一体，于城内形成纵横交错的交通网络（图1-2）。

一、垣墙的类型

　　垣墙均石砌，石材就近开采，泥灰岩，大小不一，较大者长2.4、宽0.6、厚0.5米，小者仅拳头大小，普遍数十厘米见方。可粗分两类：一类经过加工，另一类则未见明显加工痕迹。相应地，垣墙也可以分作两类：A类，用经过加工的相对规整的石材砌筑而成，石材大小相若，豆腐块状，向外一面錾痕清晰，墙体方正规整；第一圈垣墙（中营）均如此筑就，第二至第四圈垣墙部分门道附近的墙体也使用了相同的石材砌筑。B类，用未经加工的石材砌筑，石材形状各异，大小不同，所以垣墙不甚规整（图2-1）。

　　墙体宽1.5～2.1米，残存高度不一，较完整处高约4米。外壁陡

图 2-1 垣墙的类型
1. A 类（中营南墙） 2、3. B 类（南门、第二圈垣墙南部）

直，内侧则普遍呈阶梯状（局部内外均陡直），第一至第二级（后者多设于近门处），在墙体内侧形成可通行的小道，墙顶则形成女墙。女墙高1.4～1.9米，厚约0.9米，内侧小道宽0.6～0.8米（图2-2）。

石材均干砌，未见任何黏合剂。不同垣墙之间，没有明显的叠压关系。唯第三圈垣墙上丁家营盘与杨家营盘交接处，后者靠压前者，但两者用材与结构完全相同，表明丁家营盘与杨家营盘并非时代的不同，只是营建顺序有早晚。

垣墙的这些特点，与口碑文献的描述大致相合。民间传说，钱氏先建中营，丁、杨、安诸姓环之各建营盘，最终形成一个庞大的营盘群。诸家营盘，确有各自围合之势，但又彼此连通。因此各家附建，应非随意为之，而是有统一的规划。要之，这是一个彼此独立、相互联系的整体。

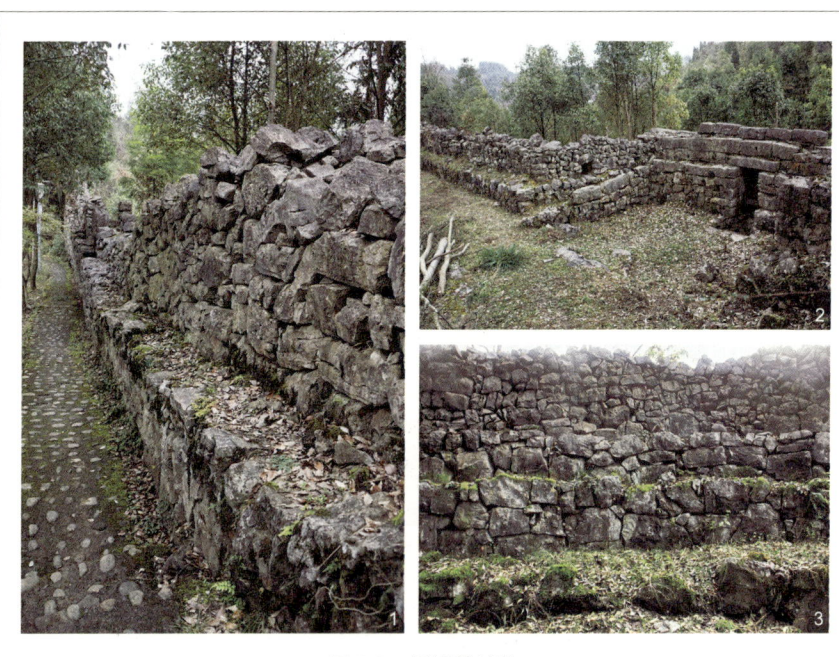

图2-2 垣墙的结构
1. 内侧第一级阶梯（北门） 2. 内侧第一级阶梯（含射击孔，丁家营盘）
3. 内侧第二级阶梯（中营北侧第二圈垣墙）

二、射击孔与炮台

射击孔与炮台，是与火器配合使用的防御性设施。射击孔设在垣墙与碉楼上，炮台则沿墙分布，或在墙内，或在墙外，少数与垣墙连为一体。

（一）射击孔

现存射击孔共52个，其中32个分布在垣墙上，20个分布在碉楼上（详见碉楼一节）。垣墙上的射击孔，一般设在垣墙中上部的女墙上。第二至第四圈垣墙上皆有，第一圈则未见。都呈内大外小的斗形。根据尺寸，可以分为大小两类。

A类，小孔，27个。主要分布在第三、四圈垣墙上，部分分布在连接圈层垣墙的短墙上。内侧大口多为方形，边长50厘米左右；小口为长方形，宽15、高30厘米；孔深与女墙厚度一致，在90厘米左右。

B类，大孔，5个。分布在中营外围的第二圈垣墙上。内侧大口为长方形，宽250、高120厘米；外侧小口近方形，边长30、深约200厘米（图2-3）。

图2-3 射击孔
1. A类（子营） 2. B类（第二圈垣墙东段）

很显然，这些垣墙上的孔眼，是供火枪向外射击时使用的。

（二）炮台

共发现 11 个。一般由一个石质平台，以及一个凿于其上的圆孔组成。圆孔直径 12~15、深 20 厘米。

根据形制的不同，可以分为两类。

A 类，平台由人工砌筑而成，共 4 个，建在垣墙之上或其附近。又可分作二型。

Ⅰ型，1 个。一号炮台（P1），在丁家营盘东侧，与垣墙连为一体，可以控扼墙外低平之地。垣墙于此向外凸出，呈"凸"字形，状如马面，底部中央设门道，通向墙外炮台。墙外又围墙一周，较内墙略低矮，中央设炮台。一块方正的大石居前，凿孔其上，孔直径 12、深 20 厘米；其后接一半圆形石，形成一级平台；其下再砌筑弧形二级平台，整体呈阶梯状。台之左右宽 160、前后进深 180、通高 90 厘米；第二级平台宽 35、距地面高 60 厘米；一级平台高 30 厘米（图 2-4）。

这一设计的巧妙之处在于：第一，弧形平台既可供人上下，也形成了火炮后端支架左右摆动的轨道，增大了火炮的打击面。第二，炮台与内侧垣墙形成两层防御，内侧垣墙设有女墙，既可向外防御，也可护卫炮台。若有不测，人员随时可以撤入内城。

Ⅱ型，3 个（P2、P5、P9）。大石一方，上凿一圆孔，周边及其下嵌以小石，形成平台。与 A 类Ⅰ型的区别在于，该型炮台未设后端的弧形台阶，以 P2 为代表（图 2-5-1）。

B 类，平台为天然基岩，于其上凿一圆孔而成，共 7 个（P3、P4、P6~P8、P10、P11）。一般选在地势高敞处，仅 P3 与垣墙连为一体；P10 处在垣墙之外；其余均在垣墙以里（图 2-5-2~4）。

已知的 11 个炮台，其中 5 个（P3~P7）集中在钱宅东西两侧及子营内，表明这一带是防御的重点区域。由于铁炮均已佚，其构造已不甚明了。从炮台均只凿一孔看，铁炮可能仅有单一支架，结合 P1 后

图 2-4　一号炮台（P1）航拍图
1. 全景　2. 局部

端的弧形轨道看，这样的设置有利于铁炮以单一支架为中轴左右摆动，扩大打击面。太平天国运动期间，清政府开始大量制造火器，建立了一批近代枪炮制造厂，这也推动了各地的火器制造。玛瑙营内有无名炮匠墓，在中营西侧溶洞口。据当地传说，玛瑙山的主营建好后，无名炮匠被请到营中铸炮，所铸之炮极精良，尤以大将军、二将军和三将军威力极大。营主担心技术外传，遂将其暗杀❶。这一口碑文献表明，玛瑙山的铁炮可能确是因地制宜自行铸造的，因此在炮台的设置上与惯常所见有所差别。

图 2-5 炮台的类型
1. A 类 II 型（P2） 2~4. B 类（P3、P4、P7）

三、碉楼与哨台

碉楼、哨台共 4 座。两者都是基础近方形的石砌防御工事，区别在于碉楼四周围墙高峻，并设有密集射击孔；哨台围墙高低、结构则与垣墙相类，设有女墙。

（一）碉楼

1 座，位于钱宅南侧子营入口处的地势低平处，可阻击西侧来敌，更可掩护营内人员从中营下溶洞经钱宅后，穿过碉楼进入子营及其下溶洞，并从溶洞出入营内、营外（图 2-6）。

图 2-6　碉楼航拍图

碉楼平面呈"回"字形，中空。南北长9.7、东西宽7.8、高5.9米，墙体厚1.85~2.15米。东西、南北墙面大致呈两两对称的格局。南北两墙有对开的券拱门道，分别通向北端中营和南侧的子营。其四角分别有垣墙延向北侧中营和南侧子营（西北角垣墙残），使得中营和子营的地下溶洞，通过碉楼连为一个整体。券拱门上端，各开4个射击孔，分上下两排。上排2个，与垣墙上所见射击孔形制相同，呈内大外小的斗形。下排2个，则两头大、中间小。东西两墙上，未设门道，但墙体中央各有"介"字形孔，疑系供上下通行的楼道。东墙上射击孔2排，上排3个内大外小，下排2个两头大中间小，两排射击孔的中央为"介"字形通道。西墙则有上、中、下3排射击孔，下排3孔，中、上排皆2孔，中、下排射击孔皆两头大、中间小，上排为斗形。在下排与中排之间，有"介"字形通道。

碉楼内部，南、北、东三面墙上，砌有等高的台阶，并遗有部分凿孔，应是搭砌横梁所用。东墙两排射击孔之间，遗有孔洞一排5个，也应是同类用途。这表明碉楼内部分作上、中、下三层，用木梁与楼板隔开。第一层高1.85米，第二层高2.3~2.5米，第三层顶部石墙已残损，残高1.25~1.45米，现在修复完整的不能准确反映其原貌。然而，可以肯定的是，顶层石墙砌有女墙，与一般垣墙的形制相同，并在射击孔两侧及碉楼四角，筑有三角形、梯形或长方形台子，可能供碉楼顶部立木柱所用，即顶部可能存有木结构建筑（图2-7）。

（二）哨台

3座，略呈倒"品"字形分布在南端3座山峦顶部。按所处位置，分别称其为东哨、西哨和南哨。

东哨，该哨最大，位于遗址东南部山巅。用大小不等的石块干砌而成，底部石块较大，顶部石块较碎。平面呈梯形，北墙略短，长17.5米，南墙略长，达18.6米，西墙长15.5米，东墙长14.7米，墙体厚薄不一，平均厚约1.6米，残高1~3.2米。南北两墙上，有门道出入。北门上部已残，门道宽1.3米。南门被垮塌的石块堵塞，仅容一人爬行通过，门道宽

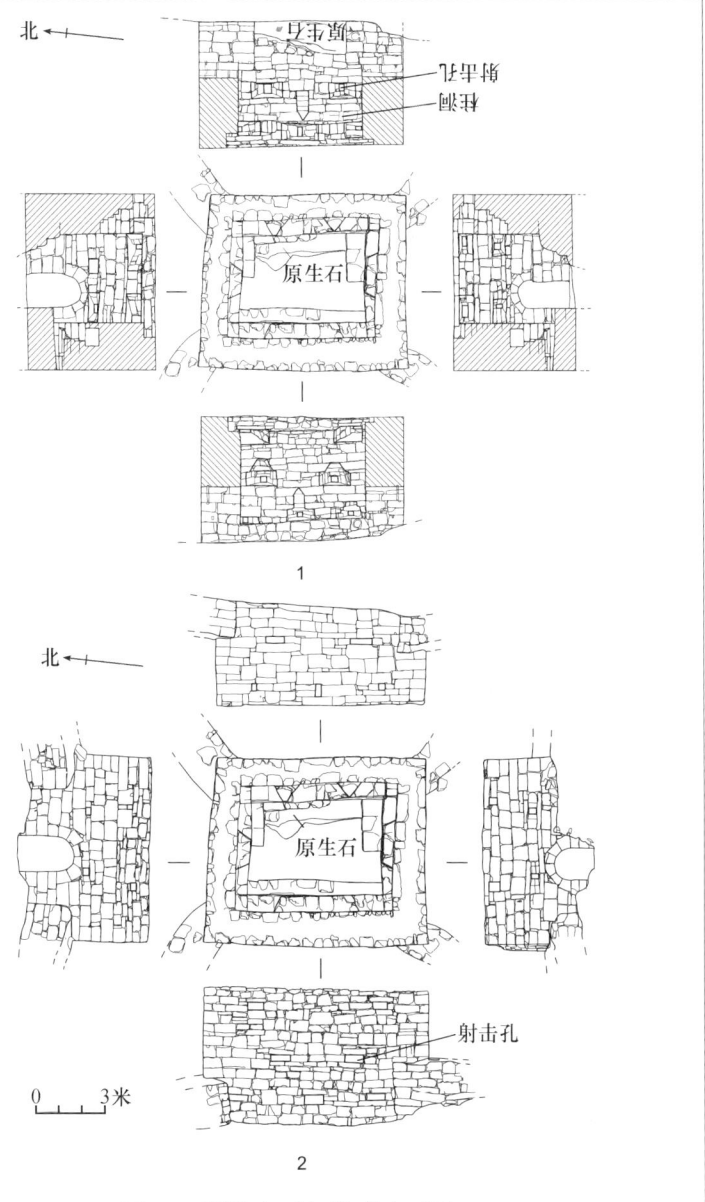

图 2-7 碉楼平、剖面与外立面图
1. 平、剖面图 2. 外立面图

0.6~0.8米，门道外有一炮台（P9），炮座石长1.33、宽1.05米，其上圆孔直径0.1、深0.16米。现存的东墙和南墙设有女墙，宽0.9~1.05、残高约1米，其余两墙则不甚明显，当系垮塌或尚未竣工（哨台北有一采石痕及遗留的石材）。目前无法判断此石质基础上是否有木结构建筑（图2-8）。

西哨，在遗址西南部山巅，其外围有不连续的第四圈垣墙分布。平面近方形，南北有对开的门道，南北长5.86、东西宽5.46米，残墙高不足1米。保存较差。

南哨，位于子营南约90米处的山巅。平面近方形，墙长约5、残高约1、厚0.75米。四周均为原生石，哨台用大小不等的石块垒砌于原生石上，下部石块较大，上层多碎石。石墙垮塌严重，未见女墙。哨台四角，均有较平整的石块铺设，或为柱础，即不排除有木结构建筑存在的可能，但周边未见瓦砾，若有建筑，则可能以草苫顶。哨台内为石墙垮塌的乱石，局部清理后即见原生石，原生石表面有加工痕。南墙上开门一道，宽约0.9、残高约1米，但已被乱石块封堵，或系后人所为。

图2-8 东哨台航拍图

与地势低平处的碉楼不同，3座哨台均坐落在遗址南部山巅，且附近无连贯的垣墙分布，其查看敌情的功能应大于防御的功能，加之其结构与碉楼存有差别，这是界定其为哨台的主要原因。

四、门道与道路

垣墙上的门道，以及与之连为一体的、纵横交错的道路，将玛瑙山遗址连缀成一个整体，同时也分割成相对独立的不同空间。

（一）门道

我们将两墙之间可供通行的缺口均称为门道（不包括溶洞的入口与出口），其数量较多，现可统计者共35个（不含碉楼与哨台上的7个），第一至第四圈垣墙上都有分布，部分则分布在连接各圈层垣墙之间的短墙上。其中，第一圈垣墙4个，第二圈垣墙4个，第三圈垣墙13个，第四圈垣墙2个，短墙之上12个，以第三圈垣墙和短墙上最多，前者以防御为主，后者则以通行为主。所有门道之上均未见门楼（图1-2）。

根据门道大小与顶部差异，可将垣墙门道分为三类。

A类，券拱顶。门道较宽大，显得庄严大气。玛瑙山西门（MD8）及中营的前门（MD28）、后门（MD33）和侧门（MD31）四门均属此类。这彰显了中营在全营中的重要地位，也表明西门当系全营的正大门。根据券顶变化，又可细分为二型。

Ⅰ型，圆形券拱顶。2例，西门（MD8）与中营后门（MD33）。西门（MD8）在第三圈垣墙西段（该处无第四圈垣墙），两山之间的地势低平处，外临同江，过桥通往绥阳场。换言之，西门是由绥阳场经玛瑙山通往官田古寨的第一道门，也是门道中最高大的。修复后的该段垣墙通高5.08米，其中墙厚2米，女墙高1.15米。门洞高3.48、宽2.2~2.3

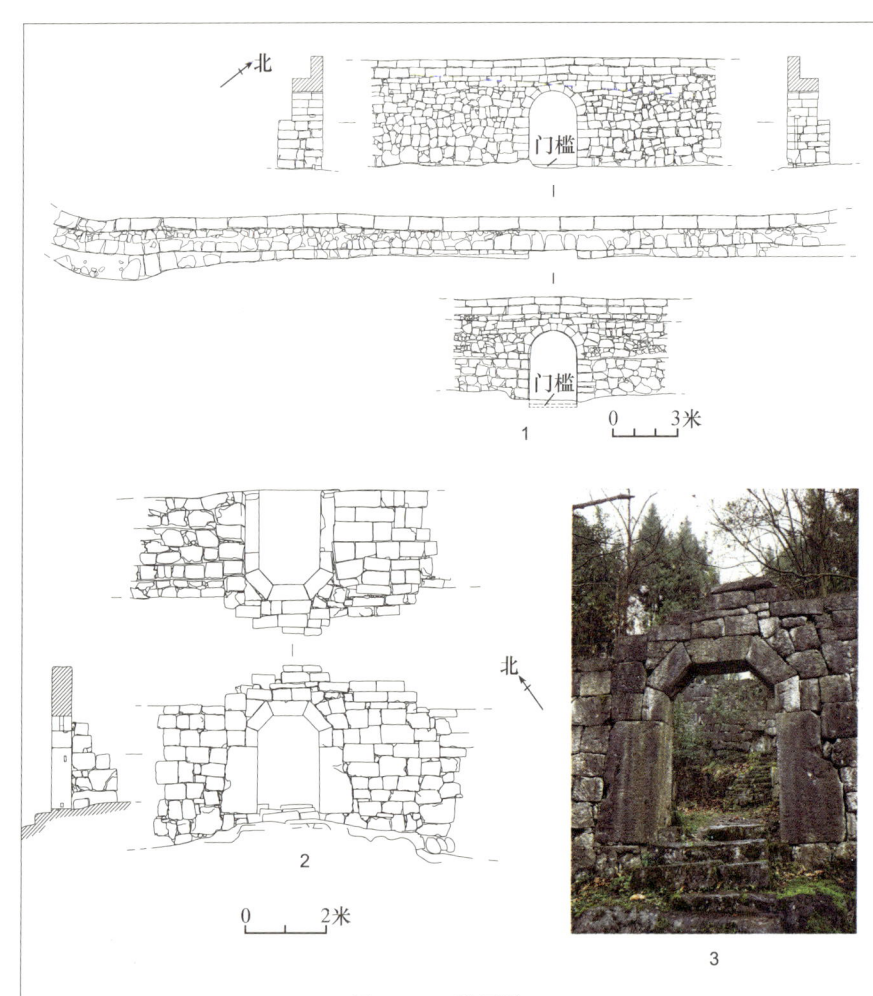

图 2-9 A 类门道
1. Ⅰ型（MD8） 2、3. Ⅱ型（MD28）

米，进深与墙体厚度一致，皆2米（图2-9-1）。中营后门（MD33）形制与之相同，规模略小。

Ⅱ型，圭形顶。与Ⅰ型圆形券拱门不同（券拱石上下两侧皆凿成圆弧形，门洞因此亦呈圆弧形），该型门道所用券拱石为上下平直的梯形，门洞因此呈有棱角的圭形。2例，中营前门（MD28）和侧门（MD31）。以中营前门为例，该段垣墙通高3.52、厚1.63米，其中女墙高1.3、厚0.53米。门洞高2.23、宽1.54米，进深与垣墙厚度相同，为1.63米（图2-9-2、3）。

B类，平顶。顶用大型条石平搭而成，门顶平整。在第二至第四圈垣墙，以及营内短墙上都有分布。可分二型。

Ⅰ型，叠涩顶。仅见1例，即北门（MD2）。门两侧平铺的石板往上渐次外挑，中央搭大条石，呈叠涩顶，剖面略呈"凸"字形。门高2.2~2.3、宽1.94、进深1.7米。属B类门中较大者（图2-10-1）。

Ⅱ型，平顶。两壁平直，顶横大石。普遍低矮、狭小。营内大多数门道属此型，如MD4、MD5、MD6（图2-10-2）、MD9（南门）、MD10、MD13、MD17、MD18、MD23、MD24、MD26、MD27等。尚有部分未见顶者，如MD1、MD3、MD7、MD12（东南门）、MD22等，应非无顶，而是坍塌使然。有的部分借用基岩为门壁，如MD18；有的格外狭小，可能为密道，如MD27（图2-11）。

C类，无顶。这类门道与B类Ⅱ型中顶已坍塌者不易区分，但无顶即意味着无门扉，因此这类门道不可能分布在基本闭合的第一至第三圈垣墙上，而主要见于营内短墙和第四圈垣墙上。第四圈垣墙上的MD11，两道垣墙在此前后错开，不太可能有顶。营内短墙上的MD15、MD16、MD19、MD20、MD29、MD30和MD32等，处在两组不太相同的垣墙的交接处，目前皆是无顶的状况，推测原本可能就不曾设顶。但对这一推测，我们没有十足的把握。

门道具有交通（方便出入）、防御（便于出击）以及区隔、沟通营内不同空间的功能。A、B两类门道重在交通与防御，C类及B类部分门道，则防御功能弱化，主要起区隔与沟通营内不同空间的作用。

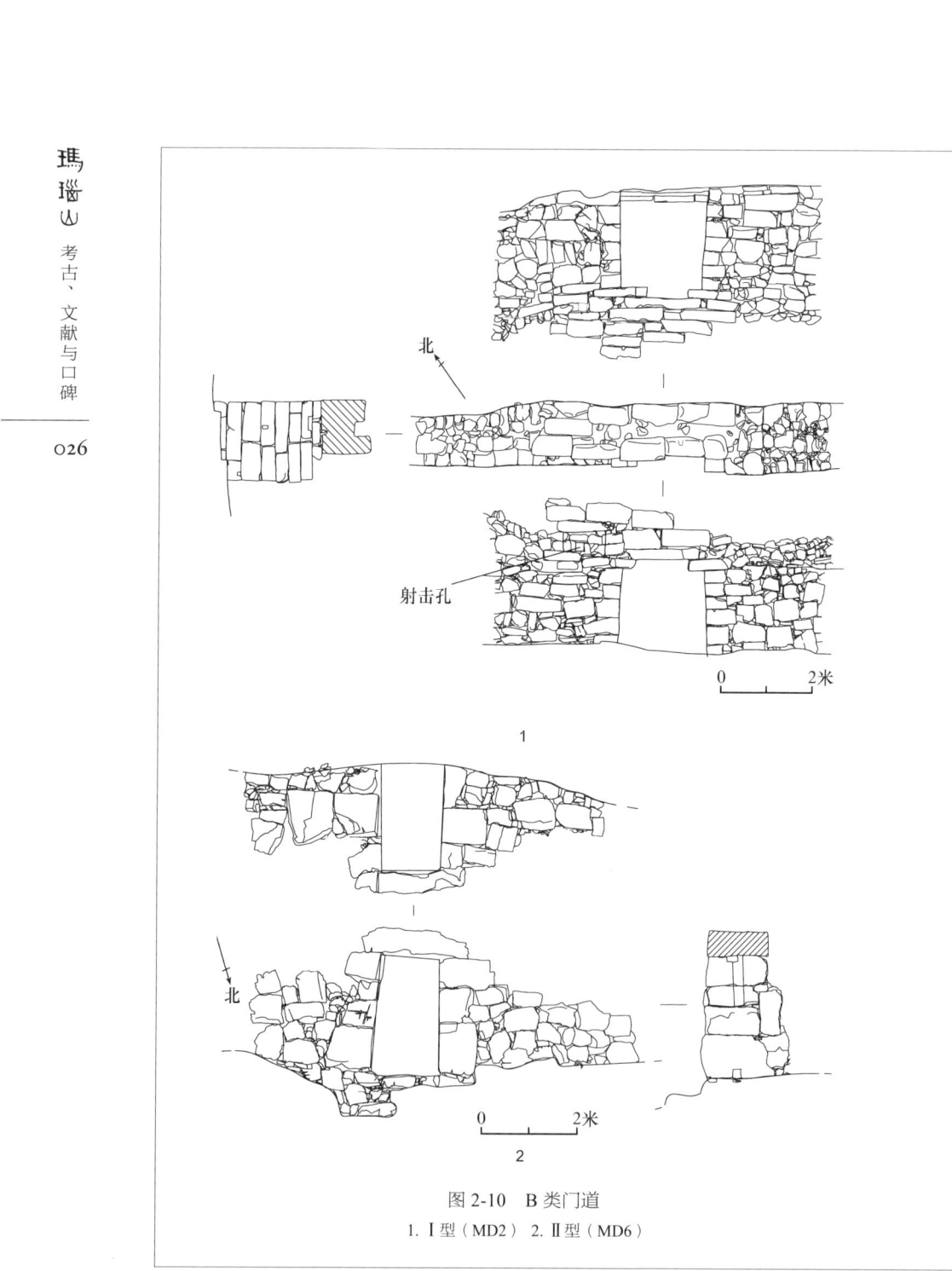

图 2-10　B 类门道
1. Ⅰ型（MD2）　2. Ⅱ型（MD6）

图 2-11　B 类 II 型门道
1. MD26　2. MD27　3. MD18　4. MD24

(二) 道路

道路有两个层面：一个是外向交通，即玛瑙山地域与外界的交通；一个是内向沟通，即营内不同空间的串联。

1. 外向交通

外向交通，从小环境看，玛瑙山是由绥阳场抵达山东诸寨的一道屏障，古道即从玛瑙山的山坳间穿过，通向官田古寨等东面村落（新修的公路跨绥阳河从玛瑙山北过，不复经玛瑙山）。用石墙将数座山峦连缀成一个整体，营居高处，山坳间则设高墙大门，另加碉楼强化防御。因此，玛瑙山一方面是一个相对独立的防御工事，另一方面又可对营东诸寨形成护卫。由此便可理解，为什么西门是玛瑙山的正大门。自外而入，西门是首经之地。门外有石拱桥跨同江上（应为清代石拱桥），过桥西行，过绥阳河即可抵绥阳场。民间传说，咸同号乱时，绥阳场曾一度迁至钱宅与北门之间的平阔地带，因为这里安全有保障，故而这里又称"场坝"。

从大环境看，营东诸寨以东，为横亘南北的山脉，通行不便，因此虽有道路可通往德江，但并非通衢要津。据康熙《龙泉县志草》记载，从东面思南入凤冈的大路，从思南塘头附近渡乌江，经峰岩抵县城，即从东南入凤冈，未见取道绥阳场的记载❷。

由此观之，玛瑙山营盘是立足于小区域防御的军事性设施，其护卫的主要就是玛瑙山周边区域，不是设在通衢大道上的工事。调查中，我们在东门外数十米远处的凉风洞旁，发现了乾隆五十八年（1793）《修路碑记》一通，知自绥阳场经玛瑙山到官田古寨的道路存在已久。石碑高0.84、宽0.59米（图2-12）。文曰：

修 路 碑 记

盖闻功德因人而创，人因功德而福，有大德者必有｜大功，此固万世不易者也。□□数人等，体帝君圣意｜，□数百年崎岖之路，捐赀砌修二百余丈周行。从此｜□往来行人，复

图 2-12　乾隆五十八年（1793）《修路碑记》拓本

免颠踬之虑。虽力微德薄，亦可略表」寸心，永垂千古，特□□」。

信善捐良：钱仁义，五两；钱世义，二钱；钱世瑯，八钱；钱世珏，七钱；钱世锟，□□□□□□；处士钱世瑛捐□八钱□分；钱□义，一钱二分；钱喻义，一钱二分；钱作义，一钱；朱□，一钱二分。

……

乾隆五十八年癸丑岁夷则月上浣良辰立」。

碑文中有几点值得注意：一是立碑的时间，"乾隆五十八年癸丑岁夷则月上浣"，即1793年农历七月上旬。此时捐资将"数百年崎岖之路"修建了"二百余丈"即660余米，表明该路在此次修建之前已经通行数百年，根据留存的道路遗迹，此番修建主要应是铺砌石板。二是660余米，已大致囊括了从同江石拱桥，入西门，过北门，出东门到官田古寨的山路长度。同江石拱桥可能亦始建于此时。三是捐资修路的，主要是附近的钱姓人氏，道路是为从官田古寨一带通向绥阳场的便利而修建的。时至今日，钱姓仍是玛瑙山附近的大姓。四是修路碑中并未提后来以"金磬山营"为名的玛瑙山营盘，似说明乾隆时的玛瑙山只意味着崎岖的山路，尚无营盘出现。

穿营而过的道路，主要沿两山之间的山坳延伸。自西门入，越北门，出东门而抵官田古寨的是主干道，也是乾隆年间所修道路的主体，《修路碑记》就立在东门与官田古寨之间的道路旁。出北门沿山坳继续向北的道路，应系后来所增修，因为它避开了筑在山坳内的垣墙（第四圈）。出南门（MD9）南行，以及出东南门（MD12），过MD11（设在第四圈垣墙上）而出营盘的道路，是另两条重要的通道。这几条道路，都通向营东及营南的村落，便于通行、粮草供给与水源的汲用。

2. 内向沟通

内向沟通的载体即营内道路，分地面和地下两套系统，相互贯通，成为防御体系重要的组成部分。地下空间的利用，将专辟一章讨论，兹不赘。大量门道显示，营内道路畅通。自西门（MD8）和北门（MD2）入营，皆可北行，穿过丁、安、杨诸营，通过中营外围（第二圈）垣墙上所开的门道进入中营。在中营和子营之间，有横亘的垣墙与碉楼的四角相接（西北角垣墙已不存），宛若一根扁担，一头挑中营，一头挑子营，营内西、北门之间低平之处的交通因此并不通畅。"扁担"却可保障中营内的人经此过碉楼进入子营，并从子营内溶洞暗道潜出山外。自西、北门入营后，亦皆可向南进入各自临近的南部山顶（图1-2）。

（三）空间

营内地面空间，是五营四圈三山二区的格局。即由四圈垣墙及横亘其间的短墙将全营区隔成中营、子营以及丁、安、杨三家营盘等五营。四圈，即四圈垣墙。三山，是营南第三圈垣墙内外、不连贯的第四圈垣墙以里有哨台分布的三座山峦，地势高峻。二区是南北诸山之间地势低平处，被碉楼及四出的垣墙分割成的东、西两区。

四圈垣墙，以中营为中心，自内而外，第一、第二圈组成中营，是全营的核心。这里的两圈垣墙都是闭合的，墙体高峻规整，防御也最为严密。中营北邻安、丁、杨诸营，除安家营盘外，另两营的垣墙皆未完全闭合，规划与营建皆略显随性（不排除部分因故尚未竣工的可能）。这种情况，倒是与诸家附钱营而筑营的口碑文献相合。碉楼及其附属垣墙，将中营和子营连接起来，形成一个可以秘密出入的隐蔽空间。南端的三山之上，垣墙零散，但哨台高耸，是一个防御性空间。

中央被碉楼及其垣墙分割的东、西两区，地势低平，活动方便。其中东区内遗有一定数量的建筑基础，可能是一个居住区。当地人称其为"场坝"，咸丰同治年间，绥阳场因社会动荡，致使赶场活动难以为继时，附近居民在此赶场。东、西两区，因此也可能是各种公共活动的区域。

五、小　结

基于前文的讨论，可以形成以下几点认识。

第一，由于玛瑙山营盘并未设在古之通衢要津上，而是偏处一隅，且是一个相对孤立的点，非一系列不同的点有机组成的防御体系，因此其作为小区域自卫性防御工事的特点十分明显，其护卫的对象就是周边的村落。

第二，玛瑙山营盘设在一条由小区域中心（绥阳场）向周边（官田古寨等）辐射的古道上（至迟乾隆年间已经开通），自然成为护卫山后村落的一道屏障。同时营盘设施完备、防御严密，是一个相对独立的营垒，在周边村落受侵扰时，居民可遁入营内作积极防御。这是一种敌进我退的上山的艺术。

第三，营内地面空间层层设防，形成不同圈层和片区，即五营四圈三山二区的格局，宛若一张巨大的网。不同空间既相对独立，又通过门道和道路串联起来，构成一个独立而严密的营垒。

第四，玛瑙山的防御体系可分为设施和设备两个层面，设施由垣墙、碉楼和哨台等组成，射击孔和炮台等设施则反映在防御设备上，火器（火炮与火枪）的使用已经较为普遍，这具有鲜明的时代特征，是断代的重要依据。

注释

❶ 凤冈县文体广电旅游局编:《历史的记忆——凤冈县第三次全国文物普查成果汇编》,内部印行,2013年,第41页。

❷ (清)张其文纂修:《龙泉县志草·道路》(康熙四十八年稿本),《中国地方志集成·贵州府县志辑》,巴蜀书社,第38册,2006年,第651页。其文曰:"来路从陆系大路。由思南府属塘头场起,二十里至桶口铺,过渡;十里至萧家林场;十里至长林场铺;十里至乍溪;十五里至峰岩场;十里至思南安化县属土巡检司;十里至印江县属大堰塘;十里至黄心树;十里至府属瓮塘;十里至干溪铺;过老木桥十里,至本县。""铺"即邮铺,表明此系驿道。

叁

营内遗存

营内遗存，是除了碉楼、炮台、哨台等防御性工事之外，最外圈垣墙以里的相关遗存，可以粗分为三类：第一类是与居住和生活相关的遗存，包括基址、碓窝、碾槽、夹杆石、匾额以及相关出土遗物；第二类是与营盘修筑相关的采石遗迹；第三类是少量营内墓葬，可以大致反映营盘的修筑年代。

一、基　　址

基址，即建筑基址，主要分布在中营、子营、安家营盘和北门以里的东区（场坝）内，可以分为房基和挡土墙构建而成的台基两类，二者都应与营内建筑相关。所谓挡土墙，是指在临坡一侧砌筑石墙，其上摊平形成台基者。房基，则是用石墙砌筑四周，房屋的具体形制相对清楚者。据传营内早先有房屋数十栋，20 世纪 50 年代被拆毁，今仅存碉楼旁钱宅。整体而言，由于未进行细致的考古清理，基址之上房屋的具体形制均不甚明了。以北门内东区和中营为例，对挡土墙和房基的情况略加说明。

北门内东区平坦的区域，民间称"场坝"，即曾作为交易的集市使用。其南端缓坡上，由下而上依次砌三道东西向挡土墙，形成三个狭长的台基。台基东西长约 70、进深 5.8 ~ 7.5 米，台上原应有房屋，结构不明（图 3-1）。

中营内较明显的两组房基，都筑在坑穴之上（图 3-1）。一组筑在中营中央，砌出一东西狭长的长方形坑，坑长 13、宽 3.7 米，从地面往下深 2.2 米，东侧有踏步可以上下。坑底为凹凸不平的原生基岩，部分岩石上凿有对称孔眼，应是用木板铺平坑底所遗的痕迹（图 3-2）。长方形坑顶再覆以木板，其上立屋，下面的坑道就形成一个暗室，可能是储备粮食的空间。

图 3-1 营内基址

图 3-2 坑状基址底部

另一组房基则立在中营溶洞的出入口上。洞口垂直上下，略近方形，长7.9、宽5.86米，可由此潜入中营下四通八达的地下溶洞。环洞口有垣墙，东西两墙开有门道（MD29、MD30）。溶洞口可能存在的建筑，使得溶洞入口变得十分隐蔽，符合营盘防御性特点。同时，洞口的建筑，便于设置木梯，使出入溶洞更为便捷。

从分布情况看，安家营盘、子营内基址处在战事前沿，或为守营者的营房。东区地势平坦，这里的大片基址，对应大片房址，可能为普通居民的安置地。中营防御最为严密，可能为指挥中心及辎重储存处。

二、钱　　宅

钱宅即钱家才宅，是营内仅存的一组民居，悬山顶、穿斗式小青瓦屋面民居。老宅坐东向西，三开间，正房居东，其前南北两侧各有厢房，中为庭院，形成三合院式格局，惜北厢已毁（图3-1）。

堂屋内尚存木质匾额1块，上铭"岁进士"三字，"岁"字已磨泐不清，左右两侧的题记均已不存（图3-3）。"岁进士"是"岁贡（生）"的雅称，并非真正的进士。贡生是地方选拔出来备入国子监的生员，清代贡生分为岁贡、恩贡、副贡、拔贡、优贡等。有清一代，贡生延请地方官员或社会名流写"进士匾"悬于堂屋或祠堂，成为时尚。钱宅内的"进士匾"显然也属此类。由于题记无存，所以匾主不明，所幸钱宅前夹杆石可以提供线索。

钱宅前（西）各有夹杆石1组，分列22号门道（MD22）之左右两侧。夹杆石形状相同，均是用两片钥匙状石片对立而成，中各凿一孔，用以固定旗杆。2号夹杆石迎路一侧，刻"四川补用知县""钱恩普"两列铭文（图3-4）。科举时代，特别是清代，凡科举中榜，包括秀才、举人、进士等，都会在其屋门口或祠堂门口立旗杆1对，用以光耀门庭，激励后进。

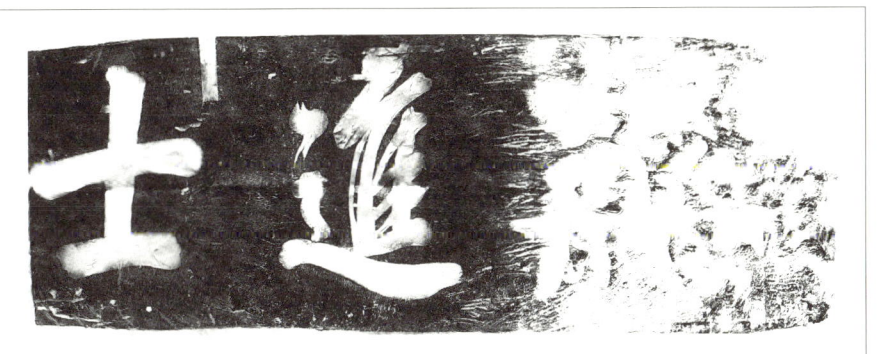

图 3-3　钱宅内"岁进士"匾拓本

图 3-4　夹杆石
1. 1号夹杆石（J1）　2、3. 2号夹杆石（J2）及其铭文拓本

　　钱宅前的这两组夹杆石，即是此类遗存。结合"进士匾"可知，当系钱恩普在选拔为贡生，并录用做四川候补知县后，族中举行隆重的仪式，树旗悬匾，光耀祖庭时所遗。夹杆石、进士匾的主人，因此都是钱恩普。营中的钱宅自然就是钱恩普老宅了。

据2009年撰成的《钱敖谱志》，钱恩普，字大用，为世瑛（1773～1843）子。后文将要叙及的营内咸丰六年（1856）"钱（大用）母熊氏墓"碑记钱大用为"思南府贡生"，《钱敖谱志》（2009）又记其补用"彭水知县"。同江祖茔中有道光二十六年（1846）"钱母杨氏墓"，碑文是"孝堂姪孙丙午科恩进士候选分州钱大用书"。分州，当指今四川崇州市怀远镇，乾隆年间置崇庆分州于此。值得注意的是，碑文提到钱大用为"丙午科恩进士"，丙午应即立碑的道光二十六年（1846）。钱宅内的进士匾、夹杆石均可能为此年所遗，换言之，营内钱宅在道光二十六年（1846）前即已存在。如果玛瑙山营盘确如族谱所记系咸丰七年（1857）所建，那么钱恩普宅的年代早于营盘营建的年代。

三、碓窝与碾槽

经调查，营内各地散布着碓窝15个、碾槽1个。

（一）碓窝

碓窝的主体结构相同，都是在岩石上凿一圜底圆坑而成，直径多30厘米，深25厘米左右。根据有无支架的区别，可分两类。

A类，有支架。共D3~D5、D7、D8、D12六个，均凿在基岩上，距圆形碓窝约1米处，又凿对称方形或长方形小孔，用以栽插支架。远端地势往往下凹，或有意凿有凹槽。很显然，这类孔眼是用来安置脚碓的（图3-5-1、2）。

B类，无支架。D1、D2、D6、D9~D11、D13~D15九个，皆属此例。除子营内的D15凿在一块移置此间的石板上外，其余均就势凿在基岩上（图3-5-3~5）。B类碓窝的使用，可能存在两种情况：一是有支架，但栽在碓窝附近的泥土中，未留下痕迹；二是本无支架，直接用手持木杵加工。

图 3-5　碓窝
1. D7　2. D8　3. D13　4. D1　5. D15

（二）碾槽

1个（NC1），在钱宅东北不远处，居于场坝一侧。

由碾槽、石碾和安放支架的孔眼组成。梭形碾槽凿在平整的基岩上，中间宽、两头窄，中间深、两头浅，槽长2.46、最宽0.49、最深0.36米。碾槽左右两侧，各凿对称方孔两组4个，再外侧各有一圆形小孔，前后错开。这组孔眼，是用来立支架固定石碾的，木质支架已不存，石碾弃置一旁。圆形石碾直径110、厚10厘米，中央凿一方形孔，边长10厘米，用以安置轴承（图3-6）。但该石碾是否为原配，尚待考。

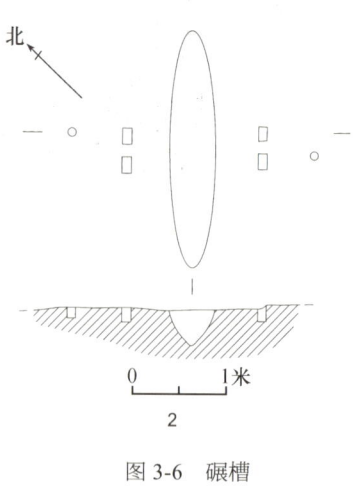

图 3-6 碾槽
1.俯视图 2.平、剖面图

整组石碾的结构，类似药碾子，借助石碾在碾槽中的前后滚动进行研磨，只是由于石碾硕大，需用支架予以支撑。

营内的石碾和碓窝，可能同时兼有加工谷物和研制火药的功能。从空间看，碓窝和石碾集中分布在几家营盘和北门内场坝，其中中营6个、杨家营盘3个、子营3个、丁家营盘1个、安家营盘1个，场坝内石碾和碓窝各1个，这表明上述几个区域内人群的活动相对频繁。其中，中营最多，与我们基于基址的分布所得出的中营可能为辎重储存之所的认识一致。但如果基址的多寡反映了人口密度的话，人口密度最大的场坝内，碓窝和石碾的分布并不多。因此，这类遗存应不仅仅作谷物加工之用。此外，在上述空间内，半数以上的碓窝沿防御性垣墙分布，也反映出它应该具有研制火药的功能。

四、采 石 场

玛瑙山为泥灰岩石山，下有天然溶洞，砌筑垣墙和基址的石料均为泥灰岩。调查中，在营内发现采石点16处（CS1~CS16），分布在中营（4处）、安家营盘（3处）、子营（2处）、杨家营盘（2处）、丁家营盘（2处）以及东、西两个哨台附近（3处）。这些采石点上，都遗有多寡不一的楔眼。楔眼是用铁錾在岩石上凿出垂直和水平的孔眼后，将铁楔置于其中，用铁锤反复击打，使石料从基岩上剥落时所留的遗迹，这种工艺传承至今（图3-7-5）。楔眼最大的呈长方形，长75、宽15、深50厘米，普遍长20、宽15、深10厘米左右，近方形，其形制与大小，与部分垣墙上所见者一致（图3-7）。

中营正门（MD28）一侧石缝内，嵌有铁楔1件。横断面呈方形，边长4厘米，长约20厘米（图3-7-6）。可能是就近采石废弃后，用作支垫石材的楔子。

同样的质地，相同的楔眼，尚存的铁楔，均表明上述诸地点就是建

图 3-7 楔眼

1. 1 号采石点（CS1） 2. 4 号采石点（CS4） 3. 中营后墙石材上的楔眼 4. 北门垣墙石材上楔眼 5. 传统石料开采技艺（习水同民） 6. 营内铁楔（中营正门一侧石缝内）

营时的采石点。因为就近采用，所以营建的效率应较高。石料的近便，应当也是营盘选址的一个重要考量因素。由于所需石材颇巨，采石点的数量当不止于此，有待在未来的工作中继续发现。

五、遗　物

对全营地面进行了踏勘，采集了部分遗物，同时在营内随机布了3条探沟进行试掘，2条分布在场坝内，1条在中营内（TG1~TG3），也出土了少量遗物。探沟揭示的遗址地层堆积较为简单，可以粗分为3层：第1层为表土层，厚薄不一；第2层为灰褐色黏土；第1、2层均包含少量瓷片和瓦砾；第3层，在中营为原生基岩，在场坝为黄褐色生土。

采集和出土的遗物，有瓷器、砖瓦砾和铁器残片等几类，以瓷器为主。瓷器以粗瓷器和青花瓷器为主，均为残器。粗瓷器器类主要有罐、钵等。粗瓷器又可分为两类：A类，胎质较细，釉层较均匀，以青釉和酱釉居多，器类以碗、罐为主；B类，胎质较粗，均夹杂有较多的细砂，釉层不甚均匀，以青釉居多，器类以钵、罐为主。青花瓷器器类以碗、盘居多，杯较少。纹饰有灵芝茶花纹、太阳花纹、梵文等，以前者居多。

以下按采集地点分别介绍。

（一）碉楼

在碉楼附近采集青花瓷器残片4件。喜字纹罐残片1件，内外壁均施釉，足沿涩胎，内壁素面无纹饰，外壁青料双勾绘制喜字和串珠状锦纹，残高6厘米。太阳花纹盘残片2件，残片厚0.4~0.6、残高3.5厘米。灵芝茶花纹杯底残片1件。

A类粗瓷器，4件。碗和盆残片各1件，外腹部均绘有纹饰。缸或瓮残片2件，外壁印同心圆纹（图3-8-1）。

（二）子营

在子营建筑石基内出土青花太阳花纹碗残片1件，外壁青料绘缠枝太阳花纹，足沿涩胎。残高5厘米。

（三）丁营炮台（P1）

在丁营炮台附近采集A类粗瓷器1件，为钵口沿部分，平沿，敞口微敛。

（四）丁营封门（MD3）外台阶

采集青花瓷器残片6件。其中1件为青花灵芝茶花纹碗底，有花押款。碗口、腹残片4件，其中青花梵文和太阳花纹各1件，灵芝茶花纹2件。灵芝茶花纹杯口沿残片1件。

A类粗瓷器1件，施透明釉，无纹饰，应为碗类残片。

B类粗瓷器执耳1片，或为罐上残件（图3-8-2）。

（五）丁营与杨营相接处垣墙

采集残砖1块，灰陶质，含细沙石，较残，厚3.6厘米。瓦砾1块，较残，厚1.1厘米。

（六）杨营碓窝（D4）旁垣墙

采集粗瓷器残片5件。

A类粗瓷器1件，为罐的腹部。

B类粗瓷器4件。口沿1件，为坛或瓮残片，施青釉；2片为碾钵，1片施酱釉，1片施青釉；另1片或为罐腹部残片，釉层已脱落。

（七）中营第一地点

在中营偏西处采集青花瓷器残片40件。口沿11件，器类有碗、盘、杯，纹饰有灵芝茶花纹7件，梵文3件，边饰锦纹1件。腹部残片18

图 3-8 营内采集的瓷器
1. 碉楼　2. 丁营封门（MD3）外台阶　3. 中营第一地点　4. 窑罐厂

件，器类有碗、盘、杯，纹饰有灵芝茶花纹、梵文等。底部残片9件，碗、杯各2件，盘底残片5件，纹饰为灵芝茶花纹，仅1件足外壁绘青花双圈。汤匙残片1件。瓷塑残片1件（图3-8-3）。

另有白釉瓷残片2件，珐琅彩瓷片1件。

A类粗瓷片，31件。根据釉色可分为透明釉和酱釉。透明釉瓷片28件，其中8件绘有纹饰，不可识。口沿残片3件，腹部残片5件，器类应均为碗。无纹饰者20件，碗底残片4件，耳1件，腹部残片15件，器类有碗和罐等。酱釉瓷片3件，1件为钵沿，2件为罐底或耳。

B类粗瓷片，17件。口沿6件，腹部11件。施酱釉和青釉，器类应有罐、缸等。

（八）中营第二地点

在中营西侧采集青花瓷器残片33件。口沿4件，器类为碗和杯，碗饰灵芝茶花纹。腹部残片18件，器类为碗和盘，纹饰以灵芝茶花纹为主。底部残片11件，器类有碗、盘、杯，纹饰有灵芝茶花纹等。

A类粗瓷片，113件，可分为透明釉、酱釉和涩胎。透明釉瓷片89件，其中有纹饰的22件，纹饰多不可识，含口沿9件，腹部9件，底足4件。无纹饰的残片67件，口沿17件，腹部48件，底2件。器类多为碗，少数为罐。酱釉瓷片11件，口沿2件，腹部9件，其中有4件外壁印有纹饰，有同心圆及菱形纹饰。涩胎瓷片13件，口沿1件，腹部1件，底11件。器类以罐为主，少数为碗。

B类粗瓷片，20件，口沿2件，底3件，耳1件，腹部14件（2件外壁印有同心圆纹）。器类有罐、缸等。

另有铁器残片4件，器形莫辨。

（九）中营第三地点

在中营及其第二圈垣墙墙体内采集青花瓷残片22件，口沿残片7件，底4件，腹部残片10件，流1件。器类有碗、盘、杯、壶等。可识别的纹饰有灵芝茶花纹、梵文、太阳花纹等。

A类粗瓷片24件，可分为透明釉、酱釉和涩胎。透明釉瓷片17件，其中有纹饰的共7件，均为碗残片；无纹饰者10件，底7件，腹3件，底均为碗底，腹部残片则属壶、碗。酱釉瓷片4件，器类为壶、罐。涩胎瓷片3件，均为碗底。

B类粗瓷片14件，器类有碾钵、罐、坛、缸等。

另有残瓦7片，内壁饰细布纹，外壁有印痕。

（十）中营第四地点

在中营二台地势最高处采集青花瓷器残片36件。碗残片28件，口沿残片8件，其中3件饰灵芝茶花纹，4件饰太阳花纹，1件饰花草纹；腹残片11件，饰灵芝茶花纹；底9件，饰灵芝茶花纹。盘残片4件，口沿残片2件，1件饰太阳花纹和1件边饰锦纹；底残片2件，分别饰梵文和灵芝茶花纹。杯残片3件，1件饰缠枝花卉纹，2件饰灵芝茶花纹。白描缠枝莲罐底1件。

A类粗瓷碗残片7件，透明釉。其中4件有纹饰，口沿1件，腹部1件，底足2件，纹饰不可识。无纹饰的残底3件。

B类粗瓷器仅1件，为碾钵口沿，平沿，敞口微敛。

（十一）探沟（TG3）

在中营TG3第2层内出土青花瓷残片1件，为碗底，饰灵芝茶花纹。厚0.5~0.9，残高4厘米。

（十二）窑罐厂

窑罐厂在官田古寨钱氏老宅附近，不在营内，部分窑址尚存。调查中，于此采集B类粗瓷片38件。腹部残片13件，其中9片为酱釉瓷，器类有坛、缸、瓮等。碾钵残片6件。垫圈残片6件。执耳1件。底部残片5件，1片为坛或缸类残底，罐类残底3件，器底残片1件。口沿7件，为坛或缸一类器物（图3-8-4）。

窑址和垫圈表明这里确系一处窑厂。而从中采集的粗瓷器，可与营内所见者对应，表明窑罐厂是营内生活用具的一个重要供应地。

从遗物的类型，结合分布特点，可得出以下认识。

第一，遗物中的大宗是瓷器，虽然营内各地均有发现，但是以中营最为集中，青花瓷、白釉瓷和珐琅彩瓷等精细瓷器也以中营所见最多。窑罐厂的发现表明，粗瓷为本地产品，而青花瓷等精细瓷器则为外来产品，可确定其中部分来自江西景德镇，其价值当普遍高于本地粗瓷。这凸显了中营在全营中的核心地位。

第二，砖、瓦等建筑材料，在中营、场坝、杨营与丁营交接处等地点都有发现，但整体数量偏少，表明营内建筑砖、瓦的使用并不普遍，更多可能采用茅草、树皮苫顶，用瓦砌的建筑，其功能或使用者身份可能相对特殊。

第三，瓷器的类别，主要是杯、盘、碗、钵、壶、匙、罐、缸、瓮、坛等当时普通百姓的日常用器，其中粗瓷器为大宗，占70%以上，表明营盘的使用者的社会地位不是很高，且这些粗瓷器均就近生产，并被广泛使用（官田古寨钱氏老宅附近也有发现），反映出营盘的使用者与当地社会密切的关联。

第四，营内发现的砖瓦，较薄小，与海龙囤等地发现的明代厚重的同类器不同，而更接近现代民居所用者，表明其年代偏晚。瓷器中的青花、白釉瓷和珐琅彩瓷，具有明显的时代特征，均指向清代中晚期，目前未见更早的遗物。这可以反映玛瑙山营盘的营建年代。

六、墓　　葬

玛瑙山及其附近墓葬不少，这里只讨论营内（即垣墙范围之内）分布的墓葬，其余将在第五章详述。营内墓葬也不少，这里只关注年代在民国之前的。符合该条件的墓葬，营内共5座，分别坐落于中营西坡、中营西溶洞入口处及中营、安营与杨营相接处。缕述如次。

（一）明墓

在中营西坡。双室并列，用加工规整的石板营建成长方形墓室，较狭小，仅能容棺。应系夫妻合葬墓。各用整块石板封门，均已被击破，墓室内空无一物（图 3-9）。这类墓葬在黔北分布较广，又被称为"苗坟"、"苗罐坟"或"生基坟"，其与清代普遍流行的用石料围砌封土的墓葬（民间称"磨坟"）不同，具有较鲜明的时代特征，应为明代墓葬。

（二）钱仁义墓

在中营、安营与杨营相接处，墓向352°。封土用加工规整的石块围砌成圆形，正前立墓碑一通，碑高1.12、宽0.57米（图 3-10）。碑上铭文（图 3-11）：

图 3-9　营内明墓

图 3-10　钱仁义墓坟茔

奕世常新」。

巳山亥向」。

清仙逝待赠上寿显考钱公讳仁义老大人之墓」。

尝闻亲恩周极，孝养宜隆，愧子等于生前未展孝思之诚，而」于殁后欲报之无门。况我父之恩虽捐躯以报，难酬万一矣。忆吾父」，生于乾隆丙辰年❶，殁于嘉庆丙辰年❷，寿享六旬。范齐家道而以勤俭」为怀，育吾子而教读兼尽男等，恩深难报。爰简传奕遗规，向砠地以取」材，命鸠工以从事，砌为盘石，敛来山于保固之中，积土成茔，收去水于潆」洄之内，千峰耸翠。俾淑德长留世远，壶范久若年湮，入文长发其祥，风」水独钟其异。则修砌之片石，直可作我父歌颂之嚆矢❸云尔。是为序」。

孝男：钱世珩，李氏；钱世瓚，刘氏；钱世珄，何氏；钱世珑。

孝孙：钱绍□、钱绍禄、钱绍禝、钱绍礼、钱绍祥、钱绍

图 3-11　钱仁义墓碑拓本

祎、钱绍禝。

孝婿：勾传睿、牟占浩。

孝侄：钱世玢、钱世瑛、钱世瑯、钱世莹、钱世珮、钱世珺。

孝外甥：任应祥、牟占毅、牟铨、牟占龙、牟占凤。

孝外孙：唐光兰。

皇清嘉庆元年岁次丙辰孟冬月下浣之良谷旦立」。

据碑文知墓主为钱仁义。仁义生于乾隆元年（1736），卒于嘉庆元年（1796），享年60岁。值得注意的是，建于嘉庆元年（1796）的墓葬，并未提到玛瑙山上的防御工事，应可作为营盘此时尚未修建的一个证据。铭文中的"向砠地以取材，命鸠工以从事，砌为盘石，敛来山于保固之中，积土成茔"一句，指的是修建坟茔，而非修建营盘。后文将叙及的钱母方氏墓铭文也用了同样句式，可为佐证。

（三）钱母李氏墓

钱母李氏墓在钱仁义墓旁，方向355°，前立墓碑，碑高1.12、宽0.58米。碑上铭文（图3-12）：

万福来朝」。

长发其祥」。

巳山亥向」。

清仙逝待诰显妣李氏钱老安人之墓」。

安人，李仁元公之长女，舅璨公之胞姐也。生乾隆己卯冬十二月廿五」日丑时，于嘉庆丁丑丑月晦前一日卯刻归天，寿享五十有八，日历二万三百有」奇。阡葬于马鞍山东、铜钱水北祖坟前、男宅囗后是也。囗厥幼时母任早殁」，安人能克守闺烈，洞悉女箴。长配父，安人复能善事翁姑，勤囗敬戒，虽孟」母再出，敬姜复生，不足过也。生吾侪三子、二女。温柔慈惠，罔极难名。自悼我生」不辰，未报万一。囗命鸠工砌石为茔，志之于碑，以永垂不朽。其词曰：安人兮贤良，吉」地兮相当，阴灵兮极乐，子孙囗囗兮福无

图 3-12　钱母李氏墓碑拓本

疆，印累累而绶若若分，百世其昌。茔前祭扫分，岁时无荒」。

孝子：生员：钱绍稜，字天福；钱绍镠，字天禄；钱绍稷（出外），字天寿。孝媳：熊氏、魏氏。孝孙：长房洪积、洪文；次房洪济。

孝胞侄：钱绍礼、钱绍智（出外）、钱绍信；钱绍孝，字天锡，冯氏；钱绍铿，字天授；钱绍之，字天成。

孝内侄：李渊温、李渊泽、李渊□。

孝婿：牟高□、冯□□；孝女：牟钱氏、冯钱氏。

孝外甥：增生勾昌相，字遇时，汪氏；唐升文，朱氏；牟高群，勾氏。

孝堂侄：钱绍贤、钱绍熹、钱绍福、钱绍孔、钱绍元。思南廪生：钱利用。以上繁不备录」。

皇清道光二年壬午孟仲冬月朔六日吉旦立」。

据碑文，结合《钱敖谱志》(2009)，知墓主李氏为钱世玡之妻，钱绍稷之母，乃钱仁义儿媳，因此葬在其近旁。李氏生于乾隆二十四年（1759），卒于嘉庆二十二年（1817），享年58岁。墓碑则立于5年后的道光二年（1822）。碑文文辞飞扬，其中提到李氏葬于"马鞍山东、铜钱水北祖坟前、男宅□后"，马鞍山在中营西北角，今人亦称马鞍山，钱母李氏墓在其东南；铜钱水，应即营西同江，铜钱水北祖茔即同江墓地（钱氏墓地），钱母李氏墓在其东北；以此审之，墓在"男宅□后"，则男宅当在墓之东北更远处。总之，碑文用了三个地点来定位其所埋葬的具体位置，并未提及如今最为显赫的"金磐山"，只能说明"金磐山"在钱母李氏墓立碑的道光二年（1822）尚未出现。

（四）钱母熊氏墓

在中营西坡，紧邻前述明墓（图1-2）。

圆阜形封土（未见围石），墓向291°，前立一圆首碑（图3-13）。碑上铭文（图3-14）：

乙辛❹」。

皇清仙逝故慈妣钱母氏熊老安人之墓」。

今夫碑者，悲也。悲往事也，悲吾母生于乾隆癸巳年❺又三月初九日午时」，于石阡府江外迎仙里，地名冉渡滩生长人氏。不幸卒于道光癸卯年❻三月初九」日辰时，丁本府本里地名官田，因老告终，享寿春光七十岁。男岂不悲乎？岂不悲乎」？

孝男：思南府贡生钱大用；氏：艾、阳」。

孝孙：钱洪镠，晏氏；钱洪锟，何氏；钱洪锳，谢氏；钱洪钋」。

咸丰六年二月寒食节立」。

图 3-13　钱母熊氏墓坟茔

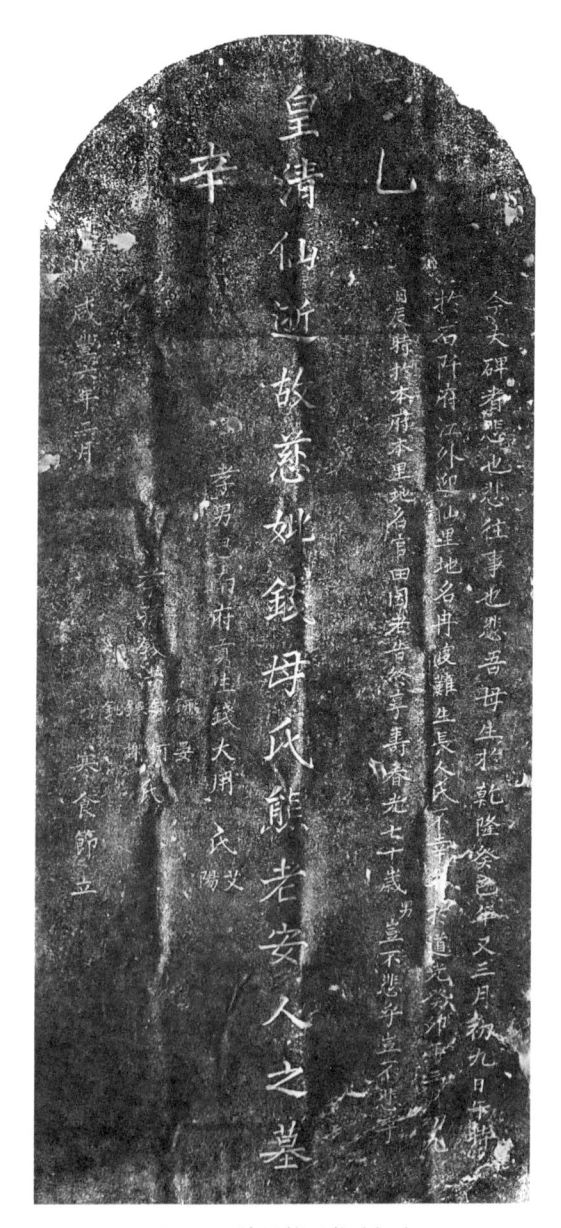

图 3-14　钱母熊氏墓碑拓本

根据碑文和《钱氏谱志》(2009)，墓主为钱大用之母、钱世瑛妻熊氏(1773~1843)。熊氏死于道光二十三年(1843)，其子钱大用于13年后的咸丰六年(1856)的寒食节为其立碑。碑文只字未提玛瑙山营盘（金磐山），可与前揭同治十三年(1874)《钱氏族谱》中钱青云咸丰乚年(1857)"捐金修营于马脑山，取名金磐山"的记载对看。

（五）无名炮匠墓

在中营西溶洞入口处。传玛瑙山主营建成后，一名制炮能手被请到营中造炮，效果极佳。为防绝技外传，营主将炮匠秘密杀害，潜葬于溶洞入口，上筑炮台隐匿。2002年12月，当地为开发玛瑙山洞堡，将炮台拆开，现高大完整的尸骨一具。为出入溶洞之便，将之迁葬溶洞入口左侧，并立碑予以说明（图3-15）。

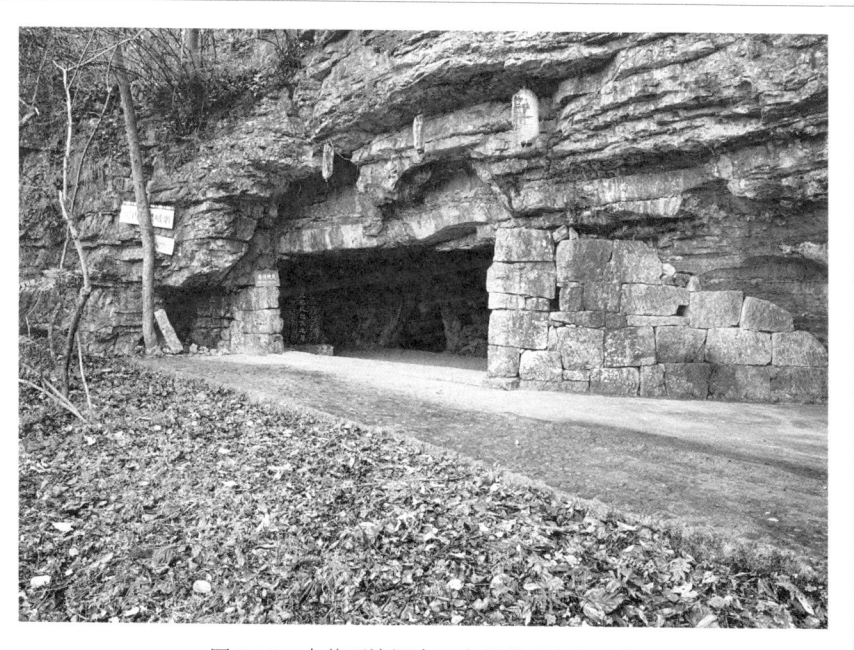

图3-15 中营西溶洞入口左侧的无名炮匠墓

以上五座墓,其中一座可明确为明墓,年代偏早。无名炮匠墓,所倚重的主要是口碑文献,埋葬的遗骸是否为炮匠,亦未可知,不排除其为营盘废弃后葬入的可能性,即墓主未必是炮匠。另三座墓有明确纪年,均为钱氏祖茔,墓碑分别立于嘉庆元年(1796)、道光二年(1822)和咸丰六年(1856),均未提及玛瑙山上的军事防御设施"金磐山",似可作为营盘在最晚的咸丰六年(1856)尚未营建的一个证据。一般情况下,营盘若在使用过程中,逝者葬入营内的可能性极小,因此,营内墓葬应集中在营盘营建前和废弃后,可以大致反映营盘的营建和使用年代。

七、小　　结

垣墙之内的非防御性遗存,有基址、采石场、碓窝与碾槽、墓葬,以及各类出土和采集的遗物。基址(含保存尚好的钱宅及进士匾、夹杆石)、碓窝、碾槽及遗物在营内的分布,进一步深化了我们对营内空间的认识,中营的核心地位得以强化。采石场,则勾勒出营盘营建的立体过程。营内墓葬与出土遗物,反映出营盘的营建与使用年代,及其与当地社会的密切关联。

注释

❶ 即乾隆元年（1736）。

❷ 即嘉庆元年（1796）。

❸ 嚆矢，响箭，比喻事情的开端或先行者。

❹ 是"乙山辛向"的省称，与该墓墓向291°一致。

❺ 即乾隆三十八年（1773）。

❻ 即道光二十三年（1843）。

肆

地下的世界：空间的立体利用

对地下空间的立体利用，构成了玛瑙山营盘与众不同的鲜明特色。前揭《湄潭县志·武备志·营砦》记载："金磐山营，一名玛瑙山，城北百三十余里，平地突起，山坞怪石嵯峨，坞底一洞，幽深曲折。"玛瑙山的地下空间，不是人为开凿的，而是对天然溶洞的利用。全营目前已探明的地下溶洞主要有两组：一组分布在中营下，另一组分布在子营下。我们对其进行了细致的调查，并绘制了平面图，可以明了溶洞的大致结构与走向，及其与地面空间的结合（图 4-1）。它既是一个藏匿的空间、一个逃生的通道，也是一个宛若地道战般出其不意、攻其不备的进攻地道。

一、中营地下空间

整个中营之下的山体，几乎都是空的，溶洞纵横交错。洞体宽窄、高低不同，总长 141.65 米，最高 10.13 米，最宽 35.8 米，现已探明至少存在西、中、南三个洞口以供出入。

西洞口，在中营西侧，第一圈和第二圈垣墙之间，是一个宽敞平直的天然溶洞，洞口有无名炮匠墓，左右砌石墙。洞口紧邻中营第二圈垣墙上的第 26 号门道（MD26），以及第三圈垣墙上的第 7 号门道（MD7），可以迅速通向城外（图 4-2-1）。洞口以里的洞厅宽敞明亮，向东一直通往中营正门东侧的中洞口。

中洞口，在中营正门东侧，是一个垂直的天然溶洞，略近方形，长 7.9、宽 5.86 米。环洞口有垣墙，并在东西两墙开有门道（MD29、MD30），是溶洞作为一个重要出入口的证据。洞口之上，早先可能有建筑，使溶洞入口更为隐蔽，同时便于进出溶洞，前文已叙及（图 4-2-2）。

中洞口以东的溶洞变得曲折而狭长，先蜿蜒北行，而后曲折向南，在中营第二圈垣墙的东南角有狭小的出口，即南洞口，可由此潜出中营，通向钱宅旁的碉楼。北侧溶洞有岔道蜿蜒向北，深不知几许，不远处地面有垂直的溶洞口，传说彼此亦相通，后被人为填堵。

图 4-2　玛瑙山地下空间
1. 中营西洞口与 MD26　2. 中营中洞口　3. 子营洞厅　4. 子营北洞口

二、子营地下空间

子营下溶洞的平面形状略呈"久"字形，自碉楼旁的天然溶洞入，是为子营地下空间的北洞口（图 4-2-4）；而后迂回曲折，从最南端第四圈垣墙外的天然溶洞出，是为南洞口，即可由营内径直潜出营外。溶洞亦高低、宽窄不一（图 4-2-3）。东南侧有下沉的第二层溶洞形成的岔道，在第一层溶洞以下数米深处，彼此贯通，继续向东延伸，前端地面有垂直的溶洞数个，传说可出入，有待将来深入调查（图 4-1）。

子营溶洞，整体较中营溶洞窄且长，长 263、最高 11.7、最宽 23 米。

三、不同空间的结合

中营和子营的地下空间是相互独立的，中营溶洞主要是供中营的人藏匿、潜逃和主动攻击使用的。中营中洞口隐蔽于建筑体下，中营一旦被攻破，营内人员可由此潜入中营地下，向西从西洞口经由紧邻的第二圈垣墙上的门道（MD26）和第三圈垣墙上门道（MD7）逃出中营；或者向东，从南洞口潜出中营，进入碉楼及其附近的空间。子营的地下通道也是一样的，首先可供子营的人员由此潜出子营，同时也可供从其他空间进入碉楼的人员通过溶洞出入。

中营和子营的地下空间又是彼此联系的，构成一个整体，联系的节点就是建于营中地势低平处的碉楼。碉楼的南北两侧各设门道，沿门道各逸出两道垣墙，分别与中营和子营相接（北门西墙已不存，或者即便这道墙不存在，钱宅外连接中营和子营的垣墙也扮演着同样的功能）。如此一来，中营的南洞口和子营的北洞口就连接在了一起。中营的人自南洞口出，即经碉楼进入子营的北洞口，继而蜿蜒向南，潜到营外。

因此，可以肯定，如何利用好玛瑙山的天然地下溶洞，是营盘的营建者在筑营之初就通盘考虑，纳入全营规划的。地下空间的取向，主要是外向性的，即供营内之人潜到营外使用的，而非相反。它首先是一组秘密的逃生通道。其次是当战事胶着时，营内防御者可适时潜到营外，迂回而对攻营者实施背后偷袭，形成两面夹击之势。因之，它具有藏匿、潜逃和积极防御的功能。

四、小　　结

对地下空间的合理利用，是玛瑙山营盘营建者的有意安排，地面与地下空间的完美结合，构成了玛瑙山营盘与众不同的鲜明特色。它对空间的使用是立体的、科学的。其与垣墙、碉楼的合理配合，使玛瑙山的地下空间具有逃生和积极防御的两重功能，或可称其为早期地道战的经典实例。

对地下空间的利用，玛瑙山并非孤例。正安茶台坝寨，筑于咸丰末年，"周八百余步，寨门一，炮台八，枪眼百余，水道二。墙高丈有五尺，厚称之。由右转前，以河为固。寨北地道十余丈，与石碉通。碉在寨外，数人轮守，以为蔽护。距庙塘场八里，道路平坦。遇寇警，则场内住民即入寨自保"❶。其炮台、枪眼、寨门、碉楼等设施，与玛瑙山有许多相似之处，特别是地道的设置及其与碉楼的配合使用，更与玛瑙山有异曲同工之妙。这些相似之处，也表明其时代应大致相当。

由于部分溶洞口可能被后人有意填埋，因此目前我们对玛瑙山地下空间的认识可能并不全面，尚有待将来更为深入的工作进一步揭示。

注释

❶ （民国）赵恺、杨恩元纂：《续遵义府志》卷二《寨堡》，巴蜀书社，2014年，第31页。

伍

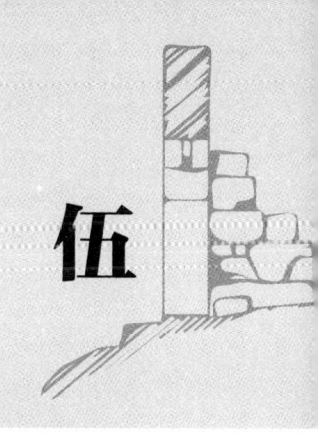

族谱与祖茔：玛瑙山背后的家族

前文已提及玛瑙山背后有一个强劲的家族——钱氏家族，营中最核心的中营，民间又称钱营，乃钱氏所居；传世的方志、族谱以及墓碑铭文均叙及钱氏与玛瑙山的联系。本章对钱氏祖茔与族谱材料进行梳理，进一步探讨玛瑙山与钱氏家族的关系。如果说由地方政府主导编修的方志，是一种官方文献，表达了官方立场，那么族谱与墓碑铭文则为民间文献，代表民间立场，或享有更多的表达自由。这里重点梳理的正是民间文献。

一、玛瑙山与钱氏

传世的方志、族谱和墓碑铭文，均指出玛瑙山营盘系清人钱青云（1808~1864）所建，官方文献与民间文献的记载一致。

前揭光绪《湄潭县志·武备志·营砦》记："金磐山营，一名玛瑙山，城北百三十余里，平地突起，山坞怪石嵯峨，坞底一洞，幽深曲折。武生钱青云鸠工凿石，就势建垣，因营此。"❶《湄潭县志·人物志·孝义》又称："钱青云，武生，好义轻才，世乱毁家，立营金盤山，雁户如归，为一方保障。"❷同治十三年（1874）《钱氏族谱》记：钱青云，"岁咸丰在位。于七年辛（丁）巳，白贼叛乱，我叔云翁，捐金修营于马脑山，取名金磐山。并聚族众，招练防剿，远近众皆乐输役。因此贼不敢正视，地方得以偏安"。钱青云墓碑记：钱青云"行年四十，预知时变，筑营□□，缮甲治兵，人莫知其故。未几，教匪果起，四方猖獗，先生出奇制胜。复建'安治营'于金磐山，近悦远来，赖为保障。为所居，一年成聚，二年成市，三年降者归者且益众"。对具体营建时间，同治十三年（1874）《钱氏族谱》和钱青云墓碑所记略有出入，但均指明乃钱青云所建。

钱氏为当地望族，迄今尚有后裔生活在官田及其周边，有族谱传世，并有不少墓葬分布在玛瑙山周边，几相结合，可以深化对玛瑙山营盘的认识。

二、族谱与世系

官田钱民有传世族谱二种：一为同治十二年（1874）《钱氏族谱》，二为2009年新撰成的《钱敖谱志》，后者是在前者基础上增编而成。谱书记载钱氏祖籍浙江，始祖乃吴越国创始人钱镠（852~932），钱谦二时自浙入黔。同治四年（1865）钱青云墓碑亦记："武肃王之裔也，先世自浙入黔，传至父惠甫公讳通义，承先泽，家官田。"武肃王即钱镠。

谱书所载钱氏世系颇庞杂，这里只择其要者，结合存世碑文稍加整理，以厘清钱氏官田一支的世系，帮助我们对后文将要讨论的钱氏墓葬和玛瑙山营盘性质的理解（表5-1）。

1. 国琦：钱镠第30世，入黔第5世。生六子：镐、锦、镒、铃、铭、镕。

2-1. 镕：国琦子，入黔第6世。生五子：荣龄、嵩龄、岳龄、淮龄、汉龄，另有一子通义，或为上述五子中一人。

2-2. 镐：国琦子，入黔第6世。葬在茶蜡树祖茔。据其墓碑铭文，镐生于康熙三十六年（1697），卒于乾隆二十二年（1757）。由此上推，入黔始祖谦二为明朝时人，当在明朝早中期，自浙入黔。生五子：尚龄、乐义、开义、仁义、经义。

2-3. 锦：国琦子，入黔第6世。生四子：明义、尚义、重义、抱义。

3-1. 通义：镕子，入黔第7世。墓在同江祖茔。据墓碑铭文，生于乾隆七年（1742），卒于道光五年（1825），享年83岁。配牟、泠、李、练氏。生子四：青珍、青莲、青选❸、青藜。

3-2. 重义：锦子，入黔第7世。生一子，世与，该名在《钱敖谱志》（2009）作"世与"，同江祖茔中有"钱世玙"墓，碑文作"玙"，并署"孝男钱绍祥"，与《钱敖谱志》（2009）所记"世与"之子为"钱绍祥"同。据此，"世与"与"世玙"应系同一人。

3-3. 开义：镐子，入黔第7世。墓在茶蜡树祖茔，碑立于嘉庆十六

表 5-1　官田钱氏世系简表

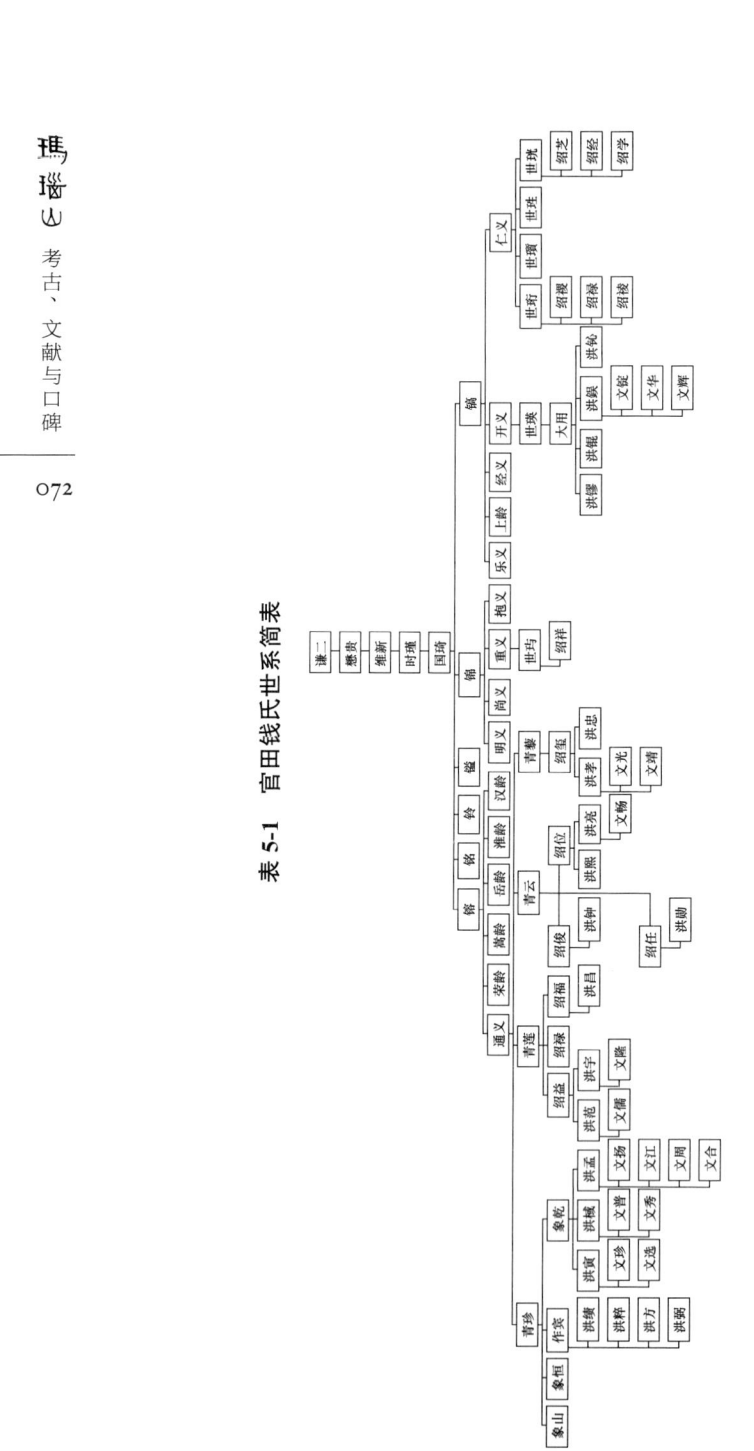

年（1811）。配牟、刘氏。生一子，世瑛。

3-4. 仁义：镐子，入黔第 7 世。墓在营内。据碑文，仁义生于乾隆元年（1736），卒于嘉庆元年（1796），碑亦立于是年。碑文记仁义生四子：世珩、世瓒、世珪、世珖。《钱敖谱志》（2009）未载"世珪"。

4-1. 世瑛：开义子，入黔第 8 世。生一子，人杰。墓在同江祖茔。据碑文，世瑛生于乾隆二十五年（1760），卒于道光四年（1824），享年 64 岁。原配牟氏，次配熊氏（墓在营内，详见第三章）。世瑛的子嗣，同治十三年（1874）《钱氏族谱》作"子一，大用"。嘉庆十六年（1811）钱开义墓碑，则载世瑛有子三：以清、以贞、以载。或有二子早逝，仅存大用。配牟、熊氏。

4-2. 世玙：重义子，入黔第 8 世。墓在同江祖茔，与二妻合葬。生卒年不详。生一子，绍祥。

4-3. 青珍：通义长子，入黔第 8 世。墓在官田北石灰窑。据碑文，青珍生于乾隆五十九年（1794），卒于咸丰元年（1851），享年 57 岁。配卢、熊氏。有子四：象乾、作宾、象恒、象山；孙九：洪孟、洪械、洪寅、洪绩、洪粹、洪方、洪弼、洪历、洪笃。

4-4. 青莲：通义次子，入黔第 8 世。墓在玛瑙山子营外黄泥堡。据碑文，青莲生于嘉庆三年（1798），卒于咸丰十年（1860），享年 62 岁。前配田氏，生子二：长名绍福，次名绍禄；继配任氏，无嗣；后嗣简氏，生子三：长名绍森，次名绍益，三名绍树，森、树早逝。绍益生洪范、洪宇。

4-5. 青云：通义子，入黔第 8 世。墓在同江祖茔内。据碑文，青云，字望崖，行五（同治十三年（1874）《钱氏族谱》作行三，其父通义墓碑亦只列四子，当以同治十三年（1874）《钱氏族谱》为是）。生于嘉庆十三年（1808），同治三年（1864）卒于中营，享年 56 岁。"行年四十，预知时变，筑营□□，缮甲治兵，人莫知其故。未几，教匪果起，四方猖獗，先生出奇制胜。复建'安治营'于金磐山，近悦远来，赖为保障。为所居，一年成聚，二年成市，三年降者归者且益众。"同治十三年（1874）《钱氏族谱》记："青云，行三，通义子……岁咸丰在位。于七年辛（丁）巳，白贼叛乱，我叔云翁，捐金修营于马脑山，取名金磐山。并聚族众，招练防剿，远近众皆乐输役。因此贼不敢正视，地方得以偏安。兹固叔之大力，非深明大义者不能也。所以芳声远播，地方官将叔申达京邑，保举蓝翎，准给六品冠带。不幸贼未萧（肃）清，过劳，病故于同治三年六（八）月，没（殁）于金盘山营。遂葬于铜江水通义祖之墓左。"均言青云筑金磐山营。配朱、勾氏。生子三：长子绍位，次子绍任（早逝），三子绍俊。

5-1. 大用：世瑛子，入黔第9世。同治十三年（1874）《钱氏族谱》载："大用，行一，世瑛子。配艾、杨。恩贡葬马鞍山屋后。子四：洪镪、洪锟、洪鋘、洪铋。"咸丰六年（1856）钱母熊氏墓碑作："孝男：思南府贡生钱大用；氏：艾、阳。孝孙：钱洪镪，晏氏；钱洪锟，何氏；钱洪鋘，谢氏；钱洪铋。"道光十一年（1831）钱世瑛墓碑则记："孝男：思南府廪生钱利用，艾氏、阳氏。孝孙：钱洪镪、钱洪鈊。"知大用、利用当为同一人，《钱敖谱志》（2009）记大用号恩普；道光十一年（1831），他尚未被选拔为贡生，仅为廪生；其选拔为贡生的时间，应据道光二十六年（1846）钱母杨氏墓碑中"孝堂侄孙丙午科恩进士候选分州钱大用"的记录，为道光二十六年（岁在丙午）。另，"铋""鈊""鈊"或为同一人。

5-2. 绍位：青云长子，入黔第9世。钱青云墓碑铭文记：青云亡故后，绍位"嗣立为营主，克绍先烈"。配官氏。同治十三年（1874）《钱氏族谱》记其有子二：洪亮、洪熙。

三、钱氏祖茔

目前发现的钱氏祖茔，较为集中的分布在同江、茶蜡树两处墓地内，另有部分散布于玛瑙山及其周边。其中，茶蜡树墓地有钱镐（入黔第6世）墓、钱开义（镐子，入黔第7世）父子墓；同江墓地有钱镕（入黔第6世）

妻方氏墓、钱通义（入黔第7世）墓、钱通义堂兄（名无考）妻杨氏墓、钱通义堂兄（名无考）妻唐氏墓、钱青云（通义子，入黔第8世）墓、钱青云堂兄（名无考）妻肖氏墓、钱世瑛（入黔第8世）墓、钱世玗（入黔第8世）夫妇墓、钱绍熹（入黔第9世）墓、钱文华（入黔第11世）墓（图5-1）。另有钱仁义（入黔第7世）墓、钱世珩（入黔第8世）妻芈氏墓、钱大用（入黔第9世）母熊氏墓、钱青珍（入黔第8世）墓、钱青莲（入黔第8世）墓、钱青藜（入黔第8世）墓散布在玛瑙山及其周边（在营内者，已在第三章详述）。墓葬形制，均石围封土（因状如石磨，民间称"磨坟"），前立墓碑，部分墓外环有低矮垣墙。按世系，缕述如次。

（一）钱镐墓

在茶蜡树墓地，墓向8°。墓前有石碑，高0.86、宽0.53米（图5-2），上铭：

> 丁山癸向」。
> 皇清待赠钱公老大人之墓」。
> 任四川叙州府长宁县知县，眷弟朱凝道题」。钱公讳镐，系出彭城。生于丁丑年二月十四日酉时」，享年六十一岁。赋性纯笃，立身端方，孝友□著纯瑕」，而康塚逢吉地，安厝高岗，勒诸石右，亘古流芳」。公系丁丑年八月初九忌辰」。
> 孝男：钱上龄、钱乐义、钱开义、钱仁义、钱经义；孝孙：钱煜；孝婿：牟仰元、任昌业。牟耀祖、牟□毅、任□祥」。
> 乾隆二十二年岁在丁丑黄钟月立。

据碑文知，钱镐生于康熙三十六年（1697），卒于乾隆二十二年（1757）。结合《钱敖谱志》（2009），镐为入黔第6世，是玛瑙山周边目前所见钱氏墓葬中，有碑文可考的最早者。墓碑所列诸子，与《钱敖谱志》（2009）基本吻合，仅"上龄"，谱作"尚龄"。孙"钱煜"，谱中仅有"世煜"，可能为同一人。

图 5-1　同江墓地航拍图

钱文华墓
钱绍熹墓
钱母杨氏墓

伍　族谱与祖茔：玛瑙山背后的家族

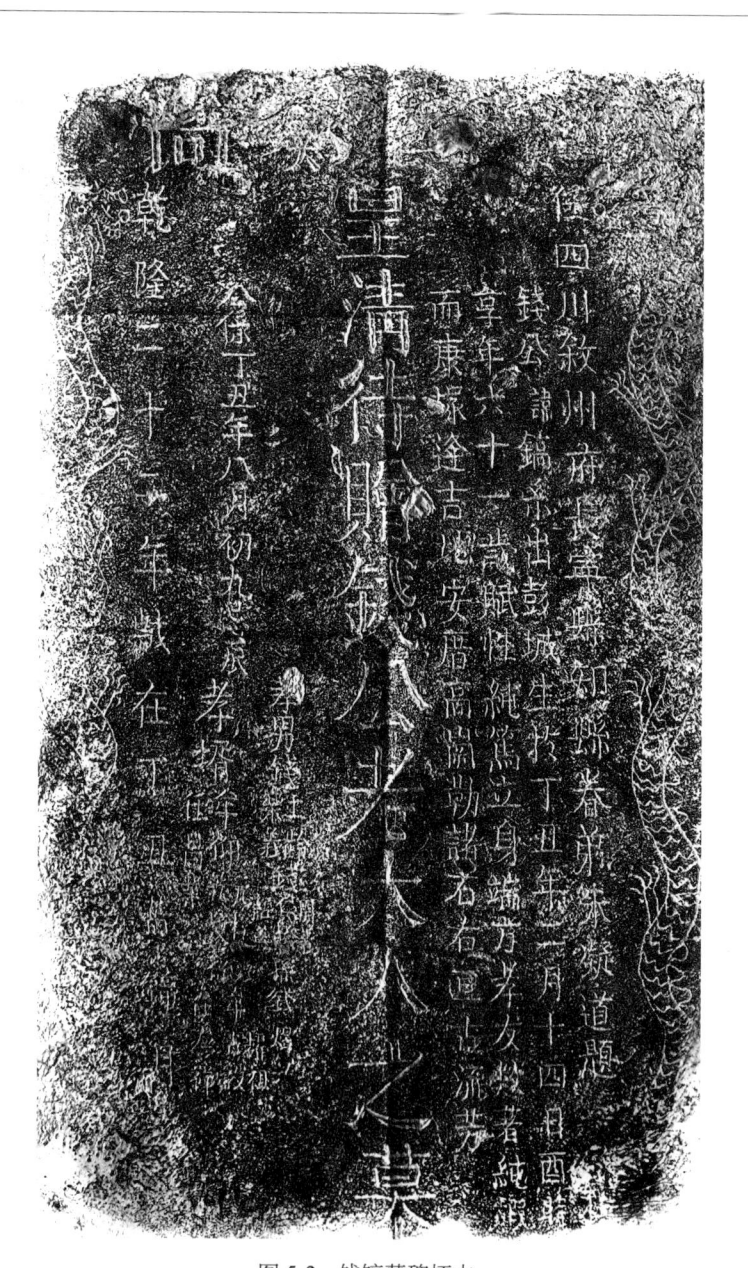

图 5-2　钱镐墓碑拓本

（二）钱母方氏墓

在同江墓地，钱通义墓右，墓向322°（图5-1）。墓碑高0.9、宽0.48米（图5-3），上铭：

> 巽山乾向」。
> 故慈妣钱母方老太君之墓」。
> 尝观天高地下，万物散殊其间，木本水源，孝思惟存一念。忆吾母，生于康熙己卯，殁于」乾隆辛卯，寿登古稀，德垂今世。严父早丧，母持家计苦节育子，徽音克嗣，鸾驭辞」尘，懿德堪志，爰稽传奕之遗规，向砠地以取材，勒石为茔，敛来山于保固之中，积土」成墓；收去水于潆洄之内。俾淑德长留世远，壶范久著年湮，人文长发其祥，风」水独钟其异，则修砌之片石，直可作我母歌颂之嚆矢云尔。是为序」。
> 孝男：钱嵩龄（监生）、钱荣龄、钱岳龄、钱淮龄、钱汉龄。
> 孝婿：朱尔钦（廪生），牟谦，牟文炳（增生）。孙：钱世□」。
> 乾隆三十九年岁在甲午季春月中浣谷旦立」。

据碑文知，墓主为钱嵩龄母方氏。方氏生五子：嵩龄、荣龄、岳龄、淮龄、汉龄；《钱敔谱志》（2009）记钱镕有五子：嵩龄、荣龄、以义、配义、通义；其中二人相同。若所记均无误，方氏当为钱镕之妻，其余名讳不同的三人，或系各取名或字记录所致，其中包括钱通义。方氏生于康熙三十八年（1699），卒于乾隆三十六年（1771），享年72岁。方氏是同江墓地的最早入葬者。

（三）钱通义墓

在同江墓地，紧邻钱母方氏墓，并有垣墙将二者环为一体。墓向297°（图5-1）。前有四棱墓碑，左右又各有碑一通（以墓主之左右为左右，下同）。

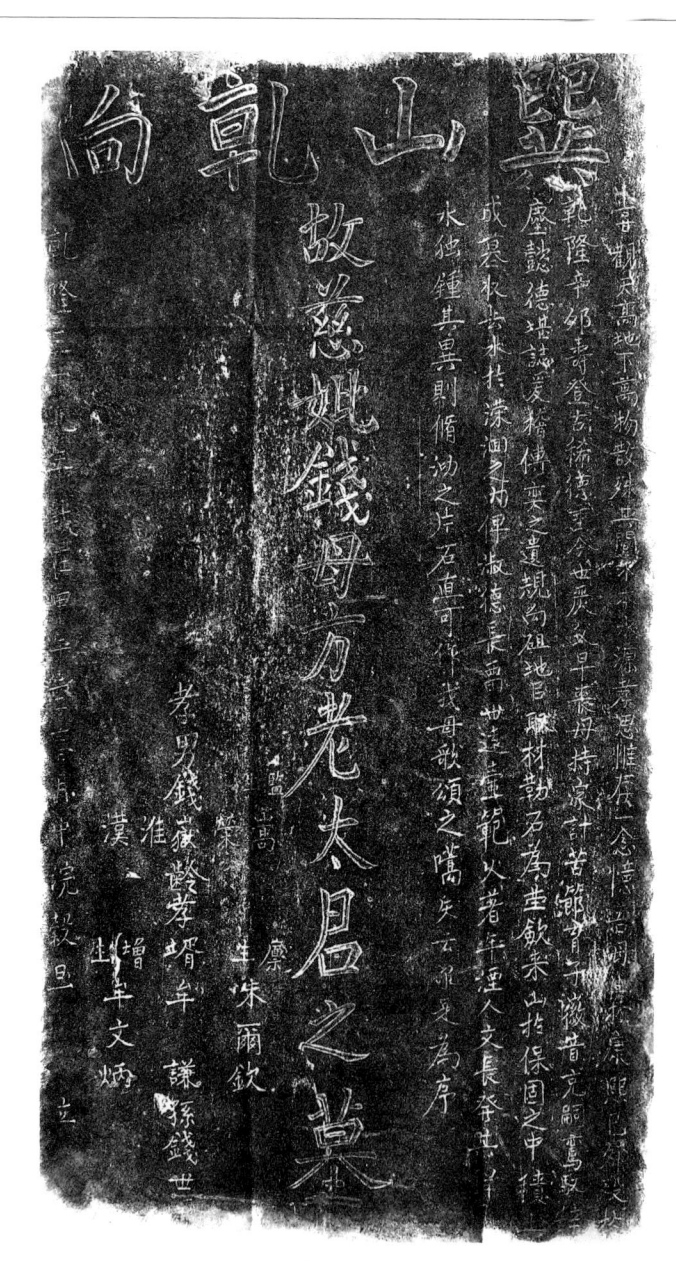

图 5-3　钱母方氏墓碑拓本

1. 四棱碑

碑高 1.4、宽 0.42、厚 0.4 米，三面铭字（图 5-4）。

正面：

巽山乾向」。

皇清应封八品显考钱公讳通义老大人之墓」。

孝男：青珍，谷氏、熊氏；青莲，田氏；青选，朱氏、勾氏；青藜，朱氏。孙：绍封、绍爵、绍復、绍律、绍衡、绍循、象乾、象贤、象恒、象山、绍位、绍任、绍俊、绍玺。曾孙：洪孝、洪忠」。

左面：

翁生于乾隆壬戌七年五月初二寅时。元配牟氏；再娶冷氏，生女二」；又娶李氏；继娶练氏，生子四，女二。卒于道光五年九月十五日戌时，享」寿八十四岁。外有存日□，将买地名小落窝丘水田三丘，议作永」远拜扫祭祀之用，子孙世守不得私占，亦不得剖分兼有合约据」。

孝婿：朱阆、牟信芳、安自新、王泽洪。寄男：葛有万」。

右面：

胞姪：钱世琇。姪孙：绍闵、绍友、绍武、绍文、绍魁、绍周。外孙：朱廷光、牟渊泉、安大用、王天顺。堂曾孙：钱洪选、钱洪才」。

道光五年乙酉七月下浣吉旦」。

2. 右碑（残）

碑残高 1.21、残宽 0.65 米（图 5-5），上铭：

……好□好□□□□修为富寿，实由于时命尤有难」……□言其富非生而遽富也。幼处孤儿，既无望于父」……□即扶之，由始有少，有而至富，有若独握造物之」……□□家大吉者□且

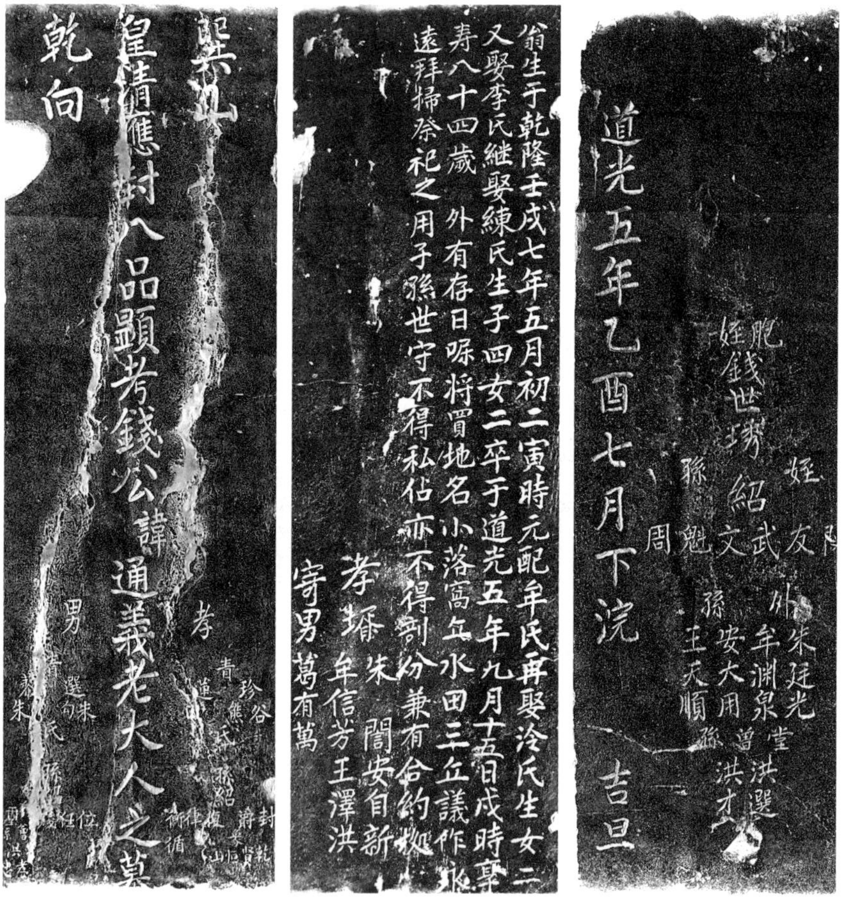

1 2 3

图 5-4 钱通义墓四棱碑拓本

1. 正面 2. 左面 3. 右面

图 5-5　钱通义墓右碑拓本

□。秉性既直，处世亦宽，操家」……□□沐其提携，中年见子，伯仲并列胶庠，晚岁添」……□□□□既独邀，夫天眷锡荣列于八品，又永荷」……报非一身一世实由此□□□」凤起蛟腾」……

3. 左碑

碑高 1.71、宽 0.67、厚 0.23 米。文字磨泐，不易读（图 5-6），上铭：

　　翁，吴越武肃王之裔也。先世自宋延明，□边重□，厥后由浙逮黔，历七世而□。翁」生□□□之称，□灵□之纯轶，类珠光焕彩于里间，含章表质，玉度为□。□」乡间，胸藏□济，洞晓机宜。袭祖父以肇起洪图后，伯仲而丕恢先绪，方陶白其」何让□程罗以□，惭广推解□□位，亲议待其举火，深燕翼之谋，经训重金，遗」用是关承积庆，蔚起人文，生□□□次并列兴宫，有□必先知先泽之方盛，其」后将大兆后裔，□□□高□年，异□数频加□封，待杨知有继乃祖而后先粹」，此□□今时□□御极，宾□重新□崇□□之村□□□□命爰表而之」□石伟□世后□□镇生陇识柳□随□□以场□□□□钟而耀美，□□是」乎在。辞曰：维岳降神，产彼耆髦。秋月春松，□□□肖。爰勒兹铭，□其光耀。愿」□□世，□则是□」。

　　□房孙：钱绍位，官氏；钱绍任，朱氏；钱绍俊，黄氏。曾孙：洪勋，任氏；洪亮；钱洪熙。四房孙：钱绍玺，练氏。曾孙：钱洪孝，黄氏；钱洪忠。玄孙：钱文□，钱文□」。

　　同治六年岁在丁卯仲春月寒食节甲申科恩进士候分州聂崇德拜撰」。

据碑文知，墓主钱通义生于乾隆七年（1742），卒于道光五年（1825）九月十五日，享年 83 岁。四棱墓碑立碑的时间则是"道光五年乙酉七月下浣"，早于通义去世的时间，如果不是笔误，则应理解为"预作生坟"，即去世前便建好坟茔。墓前左碑立于 40 余年后的同治六年

图 5-6　钱通义墓左碑拓本

（1867），是延请恩进士聂崇德撰写的一篇辞藻华丽的文章，没有太多实质性的内容，但碑中提及的先世由浙逮黔，至通义为7世，与《钱敖谱志》（2009）合。重要的信息都集中在四棱碑上，其中提及的子嗣，与族谱记载略有不同。首先，如前文所述，四子中的青云，此碑作"青选"；其次，碑中所列孙辈人物，较族谱为多。

（四）钱开义墓

在茶蜡树祖茔，墓向2°。前立墓碑，碑高1、宽0.59米（图5-7），上铭：

居高驭卑」。

丙山壬向」。

仙显考讳开义钱老先翁墓」。

谐祝」：

陟彼高冈兮，侊闻凤凰之鸣。龙势遥集兮，有若成象成形。宨岁」混厚兮，英□受者康宁。左取星斗兮，回光返照有情。佮来江漠」今，源源濛洄。带金阶前拱立兮，迎面侍者倾心。祥发后裔兮，世」□愈久而愈馨。据地谈理兮，预卜百代扬名」。

孝男：钱世瑛敬书，其妻：熊氏、牟氏□。孝孙：钱以清、钱以贞、钱以载。姪：世玢、世珩、世玱、世珮」。

术数族孙绍宗谶纬志」。

大清嘉庆十六年岁序辛未夹钟月廿八吉乙卯刻立」。

据碑文知，墓主为钱世瑛之父钱开义，生卒年不详。关于世瑛之子，该碑载有以清、以贞、以载三人。稍晚的碑刻和两种族谱，均称世瑛仅一子，即大用。道光十一年（1831）钱世瑛墓碑仅列孝男"思南府廪生钱利用"，未见其他。同治十三年（1874）《钱氏族谱》亦记：世瑛，"子一，大用"。也许是世瑛本有三子，在嘉庆十六年（1811）立钱开义墓碑时均健在，至道光十一年（1831）立钱世瑛墓碑时，仅存大用，余二人

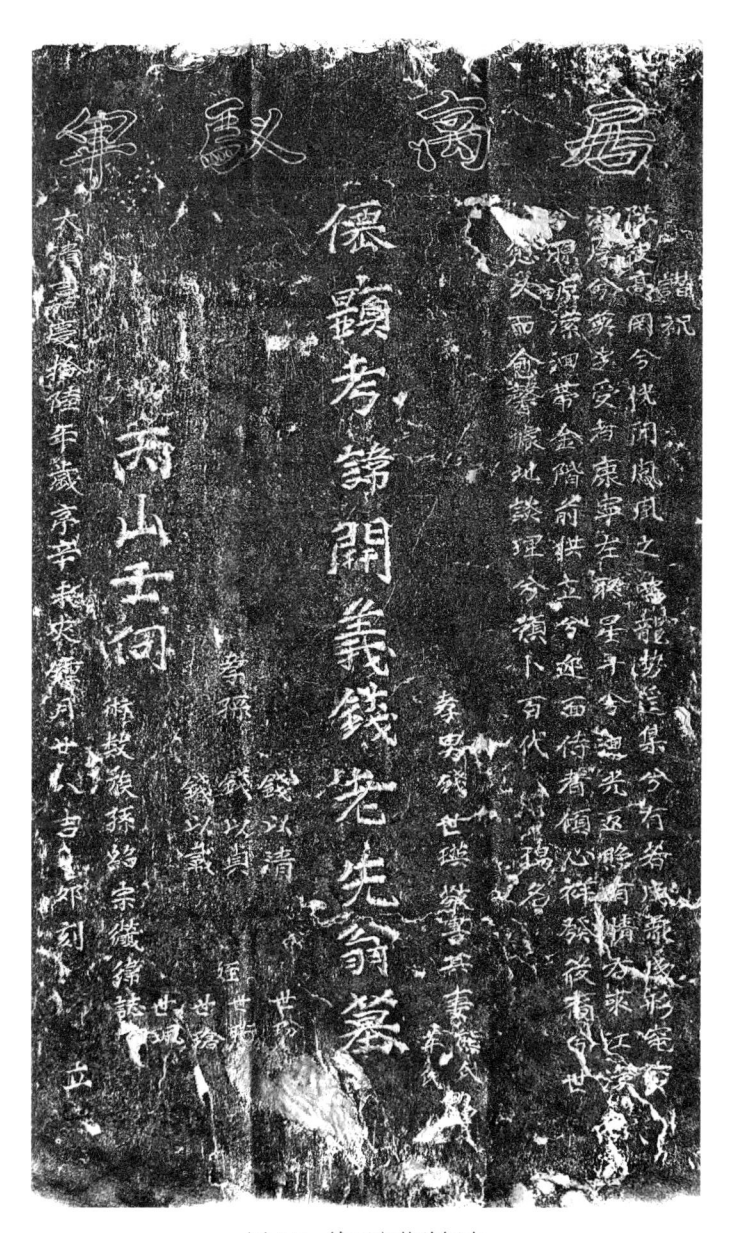

图 5-7　钱开义墓碑拓本

夭亡。大用当是以清、以贞、以载中的某位。

（五）钱母杨氏墓

在同江祖茔最南端，墓向324°。前立墓碑，碑高1.1、宽0.55、厚0.24米（图5-8），上铭：

巽乾」。
故堂祖妣钱母杨老孺人之墓」。
孺人生于乾隆壬戌年」十二月十七寅时，于」思南府安化甕十甲地名枫」香林。享寿六十五。卒于」嘉庆丁卯年十二月十九卯时，于」石阡府江外迎仙里地名官田。告老」。
孝堂侄孙丙午科恩进士候选分州钱大用书」。
道光二十六年三月寒食节立」。

立碑人为"堂侄孙"钱大用，则墓主杨氏之夫当系大用祖开义之同辈兄弟，名讳无考。杨氏生于乾隆七年（1742），与通义同岁，卒于嘉庆十二年（1807），享年65岁。立碑时间则在杨氏去世39年后的道光二十六年（1846）。墓碑中一条重要的信息是，点明了钱大用选拔为恩进士的时间为丙午年，即在道光二十六年（1846），并候选四川分州，可与营内钱宅前夹杆石上信息吻合。

（六）钱母唐氏墓

在同江祖茔，一碑仆于地，墓已遭破坏。碑高1.37、宽0.59、厚0.2米，文字磨泐难读（图5-9）：

巳山亥向」。
□待诰故慈母唐孝孺人之墓」。
□□□□□□□□□□□□□□□□□□□□□□□□
母□性温柔，幽姿贞静，气则□□□九」□□□□□□□

图 5-8　钱母杨氏墓碑拓本

□□□□□□□□□□□□如□出，提携抚之于孩提，课教之于稍长，且六□□」又□□□□□□□□□□母在□渔□□□□□□如斯，岂子而敢或□□？是为序」。

孝男：□□□。孝孙：绍兴、绍恩、绍业。孝婿：简述忠、朱炘。孝外甥：唐文莹，牟氏；唐文华，刘氏。孝外孙：简□□，朱廷□。孝寄男：僧，琇然」。

嘉庆二十年十二月初十日谷旦立」。

墓主钱母唐氏，其子名讳磨泐无考，孙辈则有钱绍兴等，两种族谱均无载，但可知墓主夫君与开义、通义为同辈（堂）兄弟。

（七）钱青云墓

在同江祖茔，墓向332°。前立三碑，主碑居中，左右二碑略呈八字形排列。

1. 主碑

碑高1.82、宽0.7米（图5-10），上铭：

流芳百世」。

清故征仕郎钱官印青云字望崖老大人之墓」。

知铜陵县：官霖。姻弟湄邑生员：黄汉选。婺邑廪生：李廷栋。表弟军功六品：练迎远。内弟军功六品：勾胜珠、勾胜琦。堂姪永崇儒学：钱大用」。

胞姪：象乾，任氏；象贤，余氏；象恒，熊氏；象山，詹氏；绍森，安氏；绍镒，勾氏；绍周。

姪婿：官仕桢，□氏；黄秉维，□氏；黄秉义，钱氏；黄秉衡，钱氏。姪媳：钱唐氏、钱练氏。姪女：黄何氏、欧阳钱氏。姪孙婿：余大鸣。内姪：勾秀芝、勾秀然。外甥：朱成章、朱焕章、朱用章、安大选、王天祥。姪孙：洪孝、黄氏，洪忠，洪斌，佑启，忠贞，永龄，登高。

图 5-9　钱母唐氏墓碑拓本

图 5-10　钱青云墓主碑拓本

元配：朱氏。继室：勾氏。

　　子婿：李廷职，四妹；李时薰，三妹。继女：唐冉氏。

　　男：绍位，媳官氏，长房；绍俊，媳黄氏，幼房；亡男：绍任，媳朱氏，次房。孙：洪烈，任氏；洪亮；洪熙。女孙：兰媖、玉媖、福媖、明媖、菱媖。

　　寄男：黄家瑞。堂侄孙：洪勋、洪镠」。

　　大清同治四年仲冬月立」。

2. 左碑

碑高 1.67、宽 0.67 米（图 5-11），上铭：

　　望崖先生，武肃王之裔也。先世自浙入黔，传至父惠甫公讳通义，承先泽，家官田」。富而好礼，笃生贤嗣。先生行五，嘉庆戊辰年九月十四巳时诞，昆季俱列胶庠」。惟先生布衣，落落有大志。性聪慧，百工艺事皆通晓。寻常人官物曲雕绘，经手」即精而绝伦。言行正大，气度从容，不侮矜寡，不畏强御。行年四十，预知时变，筑」营□□，缮甲治兵，人莫知其故。未几，教匪果起，四方猖獗，先生出奇制胜。复建」"安治营"于金磐山，近悦远来，赖为保障。为所居，一年成聚，二年成市，三年降者」归者且益众。屡膺龙、湄前后县主荐闻」，钦加五品蓝翎，以藩经历，尽先试用。大丈夫功成名遂，当不止此，然以名山事业，扬」之当途，传之不朽，先生亦人杰也哉。同治三年八月十五戌时，卒于中营，享年」五十有六。葬通义公墓之右，巳山亥向。元配朱氏，生子二，仲早逝，长君嗣立为」营主，克绍先烈。继妻勾氏，生子一，成室。女一，适人。诸兰孙皆茁芽而起。惟先生」以士夫立，武功用，能有后，无弃基，勾孺人内助之力居多云」。

　　婺邑乡进士愚戚弟田熙拜序，湄邑乡进士眷愚弟罗方海拜书」。

图 5-11　钱青云墓左碑拓本

3. 右碑

碑高 1.6、宽 0.66 米（图 5-12），上铭：

望崖先生之存也，予来游，偶与谈宅兆，惟同江水宜及。既殁，孺人为之营葬，皆问丨予，封墓成，并请予为之铭。呜呼，予何能铭且序之？再请不已，故长言之，长言之丨不足，故嗟叹之，嗟叹之不足，故歌咏之。其词曰丨：

"清时有味是无能，乱世无能殁不称。有能未即称能者，可称惟是能上能。钱塘丨武肃封王爵，豪士当时皆力角。当时豪士今无称，能者又出钱塘族。族间能武丨亦能文，望崖先生更超群。布衣早算知清局，揆文奋武靖妖氛，出奇制胜妖氛丨靖。营立金磐保众姓，安治远德且深谋，内外章程先酎定。湄、龙两属与阡阳，有丨地当冲永盛场。五路扬镳各处通，南团一臂守封疆，马脑山头当关立，频年防丨陼历霜雪。嗣皇继圣纪军功，州县申明达京邑丨。钦赐蓝翎锡爵来，阵营开处恩云开。男儿立功征异域，万里封侯有始阶。不图未了丨丈夫志，奄忽逍遥谢尘世。同治三年八月秋，报道先生竟归去。吁嗟乎，归何处丨！身归天上神仙府，心在生民性命中。我是游人多感慨，挥毫长叹仰英风丨。"

婺邑乡进士眷愚弟田熙再拜撰丨，湄邑乡进士愚弟罗方海再拜书丨。

据碑文知，钱青云生于嘉庆十三年（1808），卒于同治三年（1864），享年56岁。碑文交代了钱青云的社会关系（主碑），尤为重要的是记载了他筑营玛瑙山的事迹（左、右碑）。有几点值得注意：第一，关于筑营的时间。碑文称青云"行年四十，预知时变，筑营□□，缮甲治兵"，即在道光二十八年（1848）前后，青云便开始筑营。同治十三年（1874）《钱氏族谱》则记青云"岁咸丰在位。于七年辛（丁）巳，白贼叛乱，我叔云翁，捐金修营于马脑山，取名金磐山。并聚族众，招练防剿，远近众皆乐输役。因此贼不敢正视，地方得以偏安"。

图 5-12　钱青云墓右碑拓本

明确建营的时间是咸丰七年（1857）。前文根据营内咸丰六年（1856）的墓葬（钱母熊氏墓）并未提及金磐山，而更倾向于相信同治十三年（1874）《钱氏族谱》的记载。碑文的记叙，可能略有夸大，以彰显钱青云对时局的预判力。第二，关于营盘的管理。碑文记载钱青云"同治三年（1864）八月十五戌时，卒于中营"，而后长子绍位"嗣立为营主"。这一记载表明，至迟从咸丰七年（1857）至同治三年（1864）的七年间，金磐山的营建可能并未停止，营内应一直有人居住，由营主负责管理，钱青云父子先后被立为营主。钱青云病逝的中营是全营的核心，为钱氏所居。碑文提及的"安治营"可能即中营，或者中营周边的其他营盘，不排除民间所传的"安家营"系"安治营"之讹的可能。第三，关于营盘的功能。碑文称"营立金磐保众姓"，又称"近悦远来，赖为保障。为所居，一年成聚，二年成市，三年降者归者且益众"。同治十三年（1874）《钱氏族谱》记"并聚族众，招练防剿，远近众皆乐输役。因此贼不敢正视，地方得以偏安"。金磐山护卫的对象是钱氏族众，以及远近众姓，保得一方平安。

（八）钱青珍墓

墓在官田北石灰窑，墓向169°，前立三碑，主碑居中，左右各一。

1. 主碑

碑高1.48、宽0.64米（图5-13），上铭：

丙山壬向」。
清仙逝待赠登仕郎钱公讳青珍老大人之墓」。
孝男：钱象乾，龙邑庠生，任氏；钱作宾，湄邑庠生，余氏；钱象恒，熊氏；钱象山，詹氏。孝女：钱灵姿。
孝孙：钱洪孟、钱洪械、钱洪寅、钱洪绩、钱洪粹、钱洪方、钱洪粥、钱洪历、钱洪笃。外孙：欧继善。孝孙女：文英、秀英、金翠、金秀。孝外孙：黄琼林。
孝胞侄：钱绍□，黄氏；钱绍□，田氏。孝侄孙：洪昌，

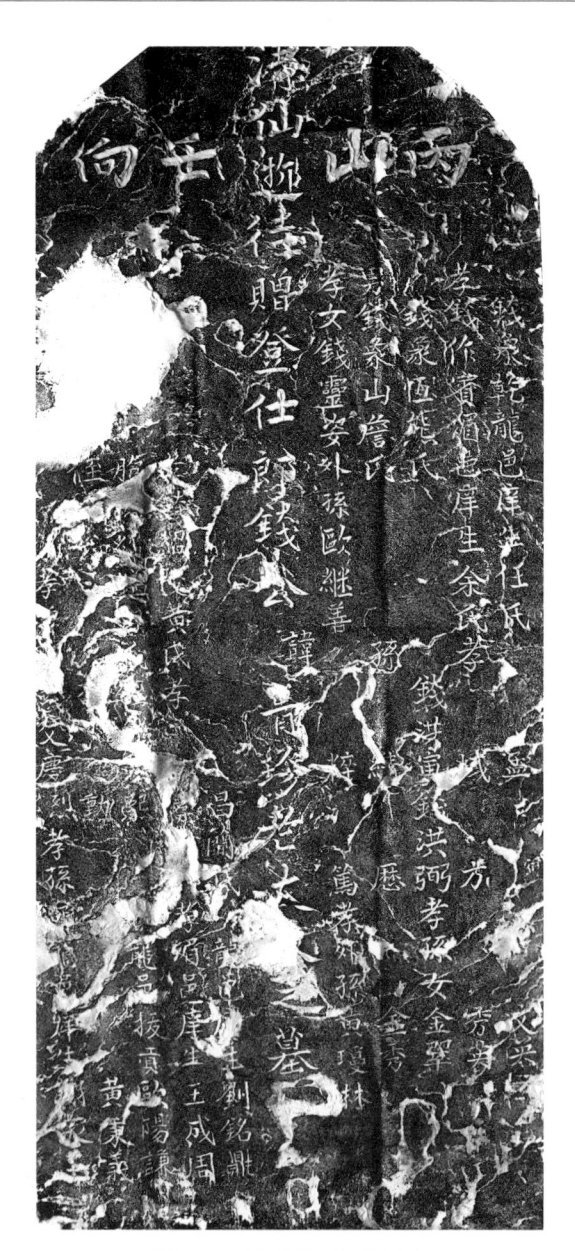

图 5-13　钱青珍墓主碑拓本

简氏；洪孝；洪熙；洪勋；洪烈；洪忠。

孝侄婿：龙邑庠生，刘铭鼎；湄邑庠生，王成周；龙邑拔贡，欧阳谦、黄秉义。孝曾孙：钱文庆。孝孙婿：龙邑庠生□□」。

2. 左碑

碑高 1.55、宽 0.64、厚 0.16 米（图 5-14），上铭：

翁，吴越王之裔。惠甫公之□□□□□乾隆甲寅年三月初十亥时。自幼□次□□」绝伦，过目成诵，迨以长□□□□□身列胶庠，正宜静养潜修，共拟栋梁之□」器。无如惠公，年过半百而□□□□此弟四人，仲叔季更属年少，廉之。惠公□」家资屈起而巨，年迈难理，□□□事之秋。翁不得已弃诵读，而理外务焉。惜乎」！以栋梁之材而不得遇，夫无□□□。翁虽置身外务，未失本来，多积书卷，少制田」庄。不畏强御，挺身以救人，危□□□金，捐资以成人美，伐邪抑暴，提寡扶孤，邻里」得以美仁。宗族赖之庇荫。所□□□□□□□君亦继列胶庠。翁又精于风水，素」于石灰陶宅后，而自选一□□□□□殁于□□辛亥年五月初一日申时，众」君为之卜其宅兆，惟此地□□□□□□□厝于此焉。所谓福地自有福」人受也。此殆不虚云。迨至□□□□□□□□□子孙辈人苗芽而起者，莫非此」佳地应验之兆也，欤哉」！愚戚龙邑举人朱绶彩拜题」；愚弟湄邑举人李廷英拜撰」。

3. 右碑

碑高 1.55、宽 0.67、厚 0.18 米（图 5-15），上铭：

翁之封墓将成也，嗣君请予为之序。嗟乎，予何能序？谨铭之。再请不已」，故嗟叹之。嗟叹之不足，故长言之。长言之

图 5-14　钱青珍墓左碑拓本

图 5-15　钱青珍墓右碑拓本

不足，故歌咏之。其词曰："呜呼」！惟我亲祖，秉性刚方。幼而聪敏，出类同窗」。长而成立，身列胶庠。孝德父母，克顺高堂」。友爱同气，不愧雁行。不侮鳏寡，不畏豪强」。庇荫宗族，矜式邻乡。广遗经史，寡制田庄」。延师课读，教子义方。麟趾衍庆，兰桂齐芳」。□□□□，□□□□。丕承武肃，不愧钱塘」。□□天□，□□□□。予寔游人，感此而商」。挥毫长辑，扣□□□。朝□堆石，奕世不忘」。"

愚戚龙邑举人朱绶彩拜题」。愚弟湄邑举人李延英拜撰」。
同治十二年十二月吉日立」。

据碑文知，墓主钱青珍生于乾隆五十九年（1794），同治十三年（1874）《钱氏族谱》记其卒于咸丰元年（1851），则享年57岁。其为通义长子。墓碑所载青珍子嗣，与两种族谱所记相同。同治十三年（1874）《钱氏族谱》记青珍乃"安龙邑庠生"，与碑文记其"身列胶庠"，适逢多事之秋，"不得已弃诵读，而理外务焉"，最后又得"继列胶庠"相合。钱青云墓碑也记钱青云之"昆季俱列胶庠。惟先生布衣"。"广遗经史，寡制田庄"表明钱氏是玛瑙山地方的耕读之家。碑文没有提到玛瑙营修筑事，似可理解为钱青珍并未参与其事，或其在世时尚未动工。

（九）钱青莲墓

在黄泥堡，墓向228°。墓前3碑，左碑已佚。

1. 主碑

碑高1.45、宽0.66米（图5-16），上铭：

坤山艮向」。
清仙逝显考钱公讳青莲老先生之神道」。
阳命生于戊午年二月初十□寅时」；阴命没于庚申年七月二十八□辰时」。

图 5-16 钱青莲墓主碑拓本

妻：简氏」。

孝男：钱绍益，芍氏；女：二妹。孙：钱洪宇、钱洪范。孙媳：简氏。孙女：桂香、淑贞、香芝。曾孙女：全第」。

光绪八年十二月十八日谷旦立」。

2. 右碑

碑高1.43、宽0.66、厚0.16米（图5-17），上铭：

前配田氏，生子二，长名绍福，次名绍禄；女二，一适朱，一适阮。早逝。继」配任氏，无嗣。后嗣简氏，生子三，长名绍森，次名绍益，三名绍树，森、树」早逝；女二，一适谢，一适蔡」。

生员：祚宾余。孝胞侄：钱象恒，熊氏；钱象山，詹氏。侄孙：洪吉，黄氏；洪笃，□氏；洪□，廖氏；洪万，汤氏；洪章；洪勋；洪烈，高氏。曾孙：文善。孝内弟：廪生简油成；孝婿：廪生蔡明烜，廪生谢海南。外孙：蔡朝相。匠人：康永贵、康永喜」。

据碑文知，钱青莲生于嘉庆三年（1798），卒于咸丰十年（1860），享年62岁。为钱通义次子。碑文所载钱青莲子嗣，较《钱敖谱志》（2009）丰富。该谱记钱青莲曾参与玛瑙营修造事，但碑文中未见，也许载在遗失的左碑中。

（十）钱世瑛墓

在同江祖茔最北端，墓向334°。前立墓碑，碑高1.62、宽0.81米（图5-18），上铭：

清逝显考处士郎钱公讳世瑛字人杰钱老先生之墓」。

翁生于乾隆二十五年己卯二月初九日卯时，原配」牟氏，

图 5-17 钱青莲墓右碑拓本

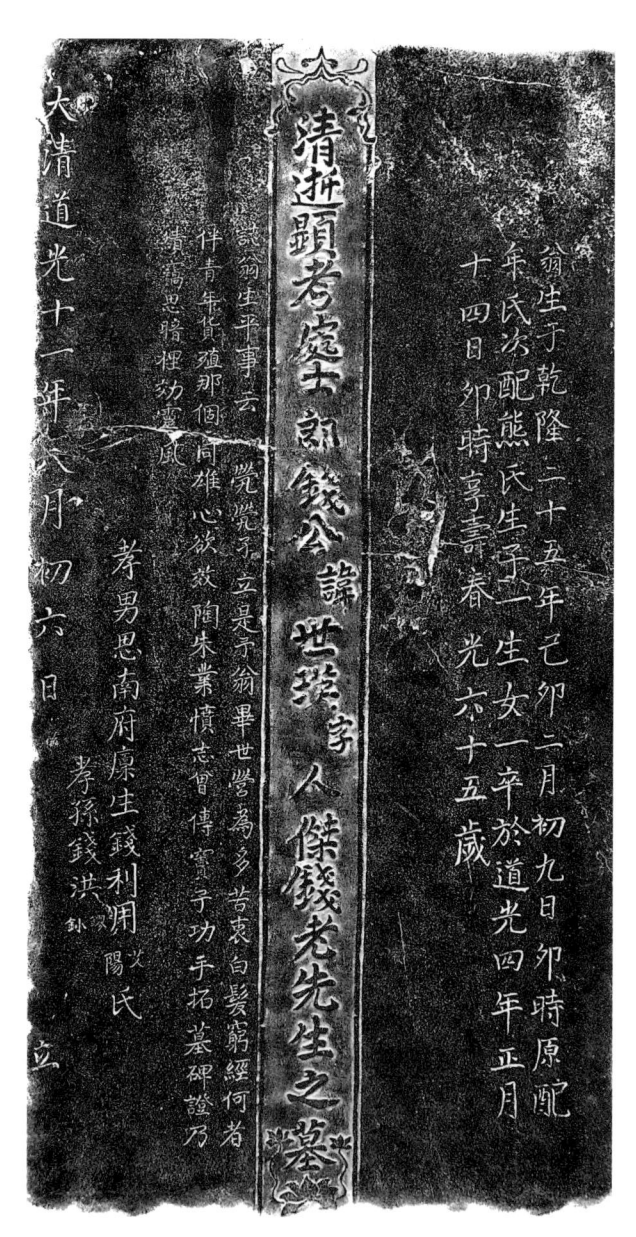

图 5-18 钱世瑛墓碑拓本

次配熊氏。生子一，生女一。卒于道光四年正月丨十四日卯时，享寿春光六十五岁丨。

志翁生平事云：茕茕孑立是予翁，毕世营为多苦衷。白发穷经何者丨伴，青年货殖那个同。雄心欲效陶朱业，愤志会传窦子功。手拓墓碑证乃丨绩，窃思暗里效灵风丨。

孝男：思南府廪生钱利用，艾氏、阳氏丨。孝孙：钱洪镂、钱洪钞丨。

大清道光十一年八月初六日立丨。

据碑文知，钱世瑛生于乾隆二十五年（1760），卒于道光四年（1824），享年64岁。关于钱世瑛之子，该碑仅列"钱利用"一人。钱开义墓碑则列三人：钱以清、钱以贞、钱以载。同治十三年（1874）《钱氏族谱》记钱世瑛"子一，大用"。道光二十六年（1846）钱母杨氏墓碑作"丙午科恩进士候选分州钱大用"。"利用"与"大用"应为同一人，也应是钱以清、钱以贞和钱以载中的某人，余二人或早逝。大用之子，该碑列二人：钱洪镂、钱洪钞。同治十三年（1874）《钱氏族谱》载钱洪镂、钱洪锟、钱洪鋑、钱洪铋四人。咸丰六年（1856）钱母熊氏墓碑记有钱洪镂、钱洪锟、钱洪鋑、钱洪铋四人。知钱大用当有四子，与钱洪镂墓碑、同治十三年（1874）《钱氏族谱》记载一致，"鋑""铋""钞"或为同一人，其余二子在道光十一年（1831）立钱世瑛碑时尚未出生。值得注意的是，碑文中"雄心欲效陶朱业"句，表明世瑛曾经商。

（十一）钱世玙夫妇墓

在同江墓地，钱青云墓旁，乃钱世玙与其妻艾氏的合葬墓，墓向334°。墓前立碑3通，左为世玙碑，右为艾氏碑，按男左女右的顺序安放，中央主碑则合二为一。

1. 主碑

碑高1.12、宽0.66米，下半部分侵蚀严重，碑文难辨（图5-19），上铭：

图 5-19　钱世玙夫妇墓主碑拓本

万古佳城」。

故显考钱世玛老大人/显妣钱艾老孺人之墓」。

呜呼！义方是训，坤德为顺，严□□□□□□」矣，但念慈妣先逝，卜□□□□□□□」然窀穸之设，墓志之传□□□□□□□」铭碑同为栖息，共华巩□□□□□□□」之攸行。临其文念吾母□志范□□□□□」。以志不忘」。

孝男：钱绍祥；媳：田氏。孙：钱洪魁、钱洪道」。

嘉庆十六年季春月□□□□」。

2. 世玛碑

在主碑左侧，高 0.93、宽 0.54 米（图 5-20），其上铭文可辨者有：

巳山亥向」。

清待赠显考钱世玛老大人之墓」。

……

3. 艾氏碑

在主碑右侧，碑高 0.93、宽 0.56 米（图 5-21），上铭：

巳山亥向」。

清待诰钱母艾老孺人之墓」。

孝姪：钱绍禹、钱绍曾；孝婿：唐炯尧、卢珣」。

碑文信息有限，结合《钱敖谱志》（2009）知，钱世玛乃钱重义之子，钱青云堂兄。主碑立于嘉庆十六年（1811），墓主当在此之前去世。

（十二）钱绍熹墓

在同江祖茔南端，墓向 321°。前立墓碑，高 1.65、宽 0.6 米（图 5-22），上铭：

图 5-20　钱世玙墓碑拓本

图 5-21　钱世玛妻艾氏墓碑拓本

图 5-22　钱绍熹墓碑拓本

巳山亥向」。

清仙逝上寿显考钱公讳绍熹老大人之墓」。

尝观哲人之由困而亨者，必先苦其心志，劳其筋骨，饿其体肤，空乏其身而□。翁之由贫而富者无异是为□」。翁自成童以来，既无望于父母，又何赖于弟兄，茕茕孑立，四顾无依，遂择配于张氏于□。内则操家不□，外」则经营四方。秋冬贸易于日中，往往披星带月，春夏有事于田畴，每每于扺之膝。盖皇天无亲不睐苦」，劳饿空之□至。固由始有少有而至富有，遂若独握造物之赢余，遂能享一生之丰福。正所谓富家大富」者欤。况其秉性如矢，处世如抵，操家克勤，自奉克俭。乡邻有斗者，救之；危者，扶之；急者，济之；孤者，悯之」；独者，敬之。宗族多蒙其顾盼，邻里咸叨其提携。年登弱冠，三子生焉，婚配定焉，长幼丕恢先绪，妯娌竟□」姑风而云，仍总听祖考遗训，非翁之由贫而富，由富而好德所致何能有此？然好德之报应亦如松柏」之茂、如南山之寿矣。于是乎，□其词曰：莫为之前虽美弗彰，莫为之后虽盛弗隆，愿尔世世有志遵从」。

阳命生于己酉年十月廿四日子时，生于石阡府江外迎仙里，地名官田」。大限卒于癸亥年七月十八日亥时，亡于石阡府龙泉长一甲，地名徐家屋基」。

孝男：钱洪德，傅氏；钱洪坤，覃氏；钱洪升，牟氏。孝孙：文喜，练氏；文成，何氏；文远，张氏；文星，先氏；文凤，石氏；文钱，练氏；文锡，杨氏；文镛，欧氏。孙婿：朱光禄。孙女：桂□。曾孙：□□□。

堂弟：钱绍芝，堂侄：钱洪杰、钱洪焕、钱洪镠、钱洪锟、钱洪鍙、钱洪钐。侄孙：文庠、文运、文仲」。

同治六年岁次丁卯清和月望六日立。堂侄钱洪锟沐手拜序书」。

据表 5-1 知，墓主钱绍熹为钱青云的侄辈，在同江祖茔中辈分较低。其子嗣清晰，但不知其父为谁。据碑文知，钱绍熹生于乾隆五十四年（1789），卒于同治二年（1863），享年 74 岁。钱绍熹应经历玛瑙山事，但碑文并未提及。碑文提到钱绍熹"外则经营四方。秋冬贸易于日中，往往披星带月，春夏有事于田畴"云云，是在外经商，又广置田亩，亦农亦商。

除上述诸墓外，尚有钱青藜（入黔第 8 世）、钱母肖氏（入黔第 8 世某之妻）、钱文华（入黔第 11 世）等的墓葬，由于资料不易采集（如钱青藜墓）或者未有新内容出现，不赘述。这些墓葬的墓主集中在钱氏入黔的第 6～9 世，这也应是官田钱氏最为鼎盛的历史时期。

四、小　　结

前文对钱氏族谱和墓葬材料（重点是墓碑铭文）进行了梳理，结合这两种不同的民间文献，钱氏的世系与社会关系变得更加明晰。首先，一个突出的印象是，这些民间文献的书写者，主要为钱氏家族成员，其中多数碑文称得上辞藻华丽，在绝大多数乡民目不识丁的传统乡土社会中，显得极为耀眼，彰显出钱氏家族在当地社会中较高的文化地位。其次，从这些记载中可见，这个家族广置田庄，多积书卷，以耕读传家，又积极投身陶朱事业，经营四方，逐渐富甲一方，人才辈出，文则有贡生钱大用，武则有武生钱青云，在商则有钱世瑛、钱绍熹，不一而足。18～19 世纪，钱氏家族成为玛瑙山地方一支强劲的势力，作为当地的地主豪绅，在非常时期，能庇荫宗族，又能为乡邻提供扶持、救济乃至保障。这是玛瑙山营垒出现的社会基础。

通过方志、族谱与碑文材料的结合，我们更为清晰地勾勒出钱氏家族与玛瑙山营垒密切的关联。光绪《湄潭县志·人物志·孝义》："钱青云，武生，好义轻财，世乱毁家，立营金盘山，雁户如归，为一方保障。"❹ 同治四年（1865）钱青云墓碑载：青云"复建'安治营'于金磐山，近悦远来，赖为保障。为所居，一年成聚，二年成市，三年降者归者且益众"。同治十三年（1874）《钱氏族谱》记：咸丰七年（1857），"白贼叛乱，我叔云翁，捐金修营于马脑山，取名金磐山。并聚族众，招练防剿，远近众皆乐输役。因此贼不敢正视，地方得以偏安"。这些记载都强调了钱青云主持修建的金磐山保障一方的重要意义，即赖之得以保全的不仅是钱氏家族，还有远近乡邻。

注释

❶（清）吴宗周修:《湄潭县志》卷六《武备志》,《中国地方志集成·贵州府县志辑》,巴蜀书社,2006年,第39册,第512页。

❷（清）吴宗周修:《湄潭县志》卷七《人物志·孝义》,《中国地方志集成·贵州府县志辑》,巴蜀书社,2006年,第39册,第550页。

❸ 钱通义墓碑铭文作"青选",钱青云墓碑铭文与同治十三年（1874）《钱氏族谱》均作"青云",钱青云墓碑铭文记青云"字望崖",《钱敖谱志》（2009）则记:"青云,号望崖,字青选。"当以墓碑为是,即青云,字望崖,"青选"可能为其别名。

❹（清）吴宗周修:《湄潭县志》卷七《人物志·孝义》,《中国地方志集成·贵州府县志辑》,巴蜀书社,2006年,第39册,第550页。

陆

流动的文本：口碑中的玛瑙山

当地民间，一直口口相传着许多与玛瑙山相关的故事，这些流动的文本、活着的文献，使这座山变得更加灵动与神秘。在调查工作开展期间，我们有意识地对这些口碑文献进行了采集，以丰富对玛瑙山的认知。同时也表明我们通过考古材料、文字记载和口承文本等不同文本重构玛瑙山的努力。

在口碑传说中，玛瑙山的年代上限可追溯至南宋中晚期，是时之农民起义军任正隆部的军事据点，此事今已不可考。而更多的传说，则与咸同起义、与钱氏相关，这却与方志、族谱与碑记的相关记载相对应。

一、任正隆起义

口述人：钱九州（30岁）住玛瑙村青云庄
　　　　钱邦金（58岁）住玛瑙村沟里头
采集人：高源

任正隆，亦称任子龙。相传为南宋中后期安夷县（今凤冈绥阳镇）人，生年不详。其身世颇为传奇：南宋时期，金兵入侵，天下大乱，当朝皇帝为了体察民情，决定微服私访。当皇帝巡游到此时，邂逅了当地一位美丽的姑娘，双方互生爱意。皇帝回京后，姑娘却怀孕了，十个月后，姑娘生下一对龙凤胎。哥哥取名任子龙，妹妹任子凤。兄妹两人从小就显得与众不同。

少年时期的任子龙家境贫寒，自幼喜好舞枪弄棒，性格爽直机智。自懂事起就不甘忍受官府和地方势力的欺压、凌辱。就在他们十八岁那年，一天夜里突然风雨大作，飞沙走石，一位白胡子老头托梦给任子龙："任子龙，你是皇帝留下的龙种，你本来应该登上皇位当皇帝的！"

任子龙大惊，忙问道："我应该怎样才能登上皇位？"

白胡子老头说："明天你去对面的金甲山上，那里有三支神箭，你把它们取回来供在香火上。然后你到绥阳场上去买一匹马，这匹马要浑身乌黑，没有一根杂毛，但它的马蹄上有白色花纹，你把它买回来喂养。直到马蹄全部变黑，你就从香火上取出三支神箭，对准金甲山先射一箭，山就会裂开，里面会有金光闪闪的盔甲。然后再对准高丰子方向射一箭，那里的竹子就会全部噼里啪啦地炸裂开，每一个竹节都会蹦出一个兵。最后，你把第三支箭对准皇宫方向射一箭，皇帝就会被你一箭射死，你就可以登上皇位了。"

任子龙听后将信将疑，但第二天早上他还是按照梦中白胡子老头的指示跑到金甲山上，果然找到了三支箭。他把三支箭取回来放在香火上供好，就到绥阳场上去买马。平时，绥阳场上卖马的人很多，可当天却只有一位老头在卖一匹瘦马，这匹马正好就是黝黑无杂色。任子龙买下马，到河里洗马时发现，这匹马虽然很瘦，却是一匹好马，而且四蹄上真有白色花纹。回到家里，任子龙叫来妹妹，将事情原委都告诉了她，并让她专心喂养这匹马，注意观察马蹄颜色，马蹄颜色全部变黑时，就赶快告诉他。

从此，任子凤就天天喂养这匹马，并时刻观察，一晃两年多过去了，马蹄还是没有全部变黑，她心里十分着急。有一天她发现，"乌泡"的汁水是紫中带黑的，她灵机一动，就把"乌泡"汁水抹在马蹄上，马蹄果然变色。就这样每天用"乌泡"涂马蹄，马蹄渐渐全变黑了。她赶忙告诉哥哥，任子龙听后大喜，立即取出神箭，对准金甲山就是一箭，金甲山轰然裂开，里面果然有金光闪闪的一套金光闪闪的盔甲。任子龙取出盔甲，穿在身上。然后对准高丰子又是一箭，那一带的竹林全部噼里啪啦炸裂，但出来的兵卒都是缺胳膊少腿的泥人泥马！原来这是因为妹妹把马蹄染黑，真正的起兵时间被迫提前，缺少准备。任子龙见后急忙取出第三支箭，对准皇宫方向射去，但这支箭并没有射中皇帝，射到了皇帝身边的龙椅上，皇帝大惊，派人探查，才知道是在贵州玛瑙山有人要聚众造反，马上派兵前来围剿。

因为准备不足，任子龙只能带领着儿时结拜的弟兄和当地农民一同起义，但官兵已蜂拥而至，起义很快陷入被动，被迫退守玛瑙山。官兵便将玛瑙山团团围住，但并未围剿成功，原来任子龙的队伍已经撤入山中的溶洞，官兵又堵住洞口，想困死他们。任子龙的队伍无计可施的时候，在洞中挖出一条地下河，顺着这条地下河他们顺利逃出。

又经过两年多的征战，任子龙的队伍最后只剩下他自己在内的36位弟兄。官兵决定"擒贼先擒王"，直接抓任子龙。但任子龙这36位兄弟的衣着和马都是一样的，无法分辨。这时有人说，任子龙的马是一匹龙须马，是神马。于是在一次围追堵截中，官兵将高大的树木横挡在起义军撤退的必经之路上。撤退的时候，果然只有一匹马能飞跃而过。官兵长官正好是任子龙的舅舅，虽然他对任子龙十分宠爱，但仍然将任子龙斩于马下。

任子龙被杀后，他的龙须马成功挣脱跑到大水河，钻入一个溶洞中。溶洞后来被堵住，再也没有龙须马的音讯。余下的35位弟兄因拒不投降也全部被杀。当地百姓为表达对任子龙之死的悲伤，将他们36人的尸体全部收殓，在同一天的同一时刻，分36个方向同时出殡，不让官兵知道任子龙究竟埋在何处。现在玛瑙村里，村民相传任子龙的墓还有两处，一处在今绥阳镇砚台村立竹溪，另一处在玛瑙山顶，且玛瑙山顶的墓旁曾有一个溶洞可以通往另一个山头。

编者按：任正隆其人，在万历《黔记》卷十《山水志》中有记："东南五十里有将军山，宋绍兴二年（1132），任正隆之变，都机安文于此誓师，故名。"当地民间则称其为"任子龙"。该传说在今绥阳镇特别是玛瑙村一带流传广泛，众人所叙的故事脉络基本一致。甚至在距离玛瑙村20余千米的土溪镇扎营坝也有流传，据扎营坝的70岁老人杨昌林所述，两地流传的故事大致相同。当地人一直称其为"任子龙"。绥阳场北侧的立竹溪，确有一组石室墓，共3座，其中一座内有青龙、白虎、朱雀和玄武雕刻，应为南宋墓葬，其是否为任正隆墓则不得而知。

二、铸 炮 师

口述人： 钱九州（30岁）住玛瑙村青云庄
钱江（64岁）住玛瑙山营盘内
采集人： 高源

咸丰年间，天下大乱，太平天国运动爆发，玛瑙山这一带也有农民军响应。

玛瑙山当地的武生钱青云，为抵御这些农民军的侵扰，他捐资修建了金磐山营盘。在费尽心血建成营盘后，钱青云开始思考为营盘增加防御和进攻武器，以便更好地打击贼寇。他听说某地有一位技艺高超的铸炮师，便派人四处寻找，重金将其聘请到玛瑙山。

铸炮师用半年时间铸造了八门大炮，其中有威力巨大的"大将军""二将军"两种大炮。大炮铸成之日，钱青云亲自试射了一门"大将军"，一声巨响，对面的山上炸出一片火花，树木剧烈燃烧。见识到大炮的威力，钱青云情不自禁地发出赞叹。大喜过后，他也开始忧心：如果这位铸炮师离我而去，给敌人铸炮来进攻的话，自己岂不很危险？他私下将自己的担忧向心腹们诉说，有人建议将铸炮师留在营内，也有人认为应将铸炮师秘密处死，钱青云未作答。

铸炮成功之后，钱青云为铸炮师设庆功宴，酒过三巡后，他拉住铸炮师的手说："感谢你为我们营盘修筑大炮，你是否愿意留在我们这里安享晚年？"铸炮师委婉谢绝道："谢谢营主对我的厚爱，但我还是要回到自己家乡。"钱青云遗憾地说："好吧！我尊重你的想法。"然后转身对手下说："将我珍藏多年的陈酿取来，为炮师满上！"铸炮师一饮而尽后，没多久便"咣当"一声倒下……

后来钱青云将他埋在靠近中营西门旁的溶洞口中，使铸炮师的坟冢像一门炮一样，同他所筑造的大炮一同守卫营盘。

编者按：此墓本来是在洞口正中，后来2003年玛瑙山进行旅游建设，在开发溶洞的时候将其迁到西溶洞入口处。铸炮师的传说，一直都在玛瑙村广泛流传。但据当地人所说，在洞口未迁墓之前，他们都认为这是一位将军的墓，但迁墓时发现墓内规模很小，仅有一具身形高大完整的尸骨，没有棺椁，不像将军之墓，故才认为其为铸炮师之墓。

三、营中的炮

口述人：钱邦夏（75岁）住玛瑙村官田
　　　　　钱江（64岁）住玛瑙山营盘内
采集人：高源

在20世纪50年代，年仅七八岁的钱邦夏曾见过营盘里有四门大炮，炮身似为生铁铸造，通体漆黑，这四门大炮分别放在营盘的四个方向。其中"大将军"名不虚传，令钱邦夏印象很深刻，因为"大将军"口径很大，年少的钱邦夏甚至可以把腿伸进炮孔左右晃动。同时，营盘里还有一种口径较小仅20厘米左右、炮身细长约2米的"猫儿炮"。这种炮不算重，两个人就能抬起。

在20世纪50年代末的"大炼钢铁"运动中，钱家飞的父亲曾悄悄将一门"猫儿炮"藏在营盘中，并将一面石墙推倒，掩盖住此炮。因钱家飞的父亲已去世，埋藏地现已不清。

四、"咸同号乱"与玛瑙山 ❶

口述人：钱氏后人及当地村民
采集人：王珺偲

清朝咸丰七年（1857）的冬天，灯花教（白莲教分支）教主刘仪顺在思南鹦鹉溪带领教徒武装起事，这些武装人员头裹白布作为标记，史称"白号军"。一时间烽烟四起，席卷龙泉（凤冈）、务川、德江、石阡、湄潭、余庆、绥阳等地，与清军和各地团练相互攻杀，直到十余年后的同治年间（1861~1875）才平息，也称"咸同号乱"。

在"咸同号乱"期间，在凤冈北部有一座叫玛瑙山的营盘，坚如磐石，强大的号军在第一攻击失败后就不敢再进军此处，成为乱世中的"安乐窝"。

清咸丰初，社会动荡，清政府鼓励民间组建团练以自保。在玛瑙山一带的钱姓大家族中，有一名武生叫钱青云，他为了保护族人生命财产的安全，散尽家财在玛瑙山顶建营筑垒，招募民众组建民团，演习军事，操练武功，一时间周围各地的流民散户投奔玛瑙山。光绪《湄潭县志·人物志·孝义》记载："钱青云，武生，好义轻财，世乱毁家，立营金盘山，雁户如归，为一方保障。"

钱青云，字望崖（1808~1864），重义轻财，因为排行第五，所以人称"五大先生"。据钱氏后人称：钱青云生时，家境颇丰，有良田百顷收谷千担，钱财无数。钱青云从小习武练就一身好力气，练功之前要手提两个石琐，绕房屋跑十圈。他力大无穷，张弓射箭，百步外箭镞飞射能入木数分，箭杆因旋转嗡嗡直响，每发一箭，有石走沙飞的磅礴气势。

当时，玛瑙山营盘内有人家千余户居住，建有街市、学校、兵营等设施，如今遗址尚存。在钱青云修建的玛瑙山主营外，还有李姓、安姓、杨姓、丁姓等家族分别在四周的山头上筑垒建营，包绕七个山头，形成了天罡北斗的排列设计，占地数百亩，保留较为完整。

玛瑙山并不高，地势并不险峻，但是山上怪石嶙峋，营盘就修建在怪石嵯峨之上。营盘利用山、岩、洞、水等自然条件，考虑了攻、防、退、守等方面；营盘下面有暗洞相连，四通八达，有大厅、小巷，曲曲折折，洞洞相连，全长数千米；洞中有水源，保障人们饮用，在防卫上占很大优势，易守难攻。

清咸同年间在清代凤冈县北部的绥阳镇、永安镇、土溪镇、新建乡，务川县的黄都镇都属于湄潭县启里（清代的行政区域划分）。在距这五个乡镇不远处有一个叫庙坝的地方，那里是号军的一个集聚地、大本营。

庙坝，位于如今务川县丰乐镇的新田村庙坝，距离凤冈绥阳镇约15千米，是凤冈、务川、德江三县的交界处。驻扎在庙坝的号军共有六支，分为五营，共数万号军。其中乡正（号军官职）田歪嘴为中营，王朝选为前营，张歪嘴为后营，廖麻头为左营，王石长为右营，分居在庙坝附近的岩口场、马道、鸭棚一带。除了这五营号军外，还有号军中的一员女将也驻军在此。这名女将的名字叫李素珍，其丈夫也是号军中的一个头目，在战争中被杀，她发誓要为丈夫复仇，被号军首领刘仪顺封为"孝义将军"。

咸丰十年四月中旬，白号军从庙坝集军南下，抢掠并占领绥阳场，进入如今的凤冈县北部，这一带的清军、团练在号军的攻击下纷纷溃败，号军占领了三碗种、虎头坝、猫猫垭等关隘营盘，在这次大溃败中也只有玛瑙山营盘屹立不破。

在当地还流传着这样的一个战斗故事：白号大军从庙坝南下，攻占绥阳场一带后，兵临玛瑙山，将营盘围得水泄不通，几经攻打，毫无进展，反而自己损兵折将。号军在一筹莫展时，号军中有一个小头目叫冉毛子，是距绥阳场不远的官田坝人，颇有武力，并且在早年曾从暗洞中钻到山上去过，他是自告奋勇的带领一支小分队，从暗洞潜入玛瑙山营盘内里应外合。于是冉毛子带领三十多名号军，备足松油火把，从距离玛瑙山十数里外的干田沟后洞进入。冉毛子带领号军士兵，小心翼翼逐步深入，溶洞内钟乳垂悬，怪石嶙峋沟壑暗河，地势起伏，岔洞相连。经过半天的跋涉，夜晚时分，冉毛子等终于走到了营盘之下的溶洞，于是冉毛子乘着夜色，带领数人从洞中潜出探营，余下之人在洞内潜伏待命。

冉毛子刚潜出溶洞，走到玛瑙山营内，一下就触响了机关，一铺大网从天而降，严严实实地盖住了他们，营盘内顿时灯火通明，喊杀声四起；洞内潜伏的号军已知暴露，准备逃窜，不料洞内机关四起，团兵如涌封死了各个洞口将其全部抓获。后来钱青云下令将冉毛子等三十多人全部斩首示众，如今若到玛瑙山游玩，当地人还能给你指出叫"刑场"的地方，据说就是斩杀冉毛子等人的地点。

相传，玛瑙山营中曾架铁炮八门，最大口径为30厘米，被称为"大将军"。如今营盘地下溶洞口就有一座坟。据当地人讲，这里埋葬着一位造炮师，因他曾经铸造过"将军炮"，故后人把这酷似炮台的坟墓称为"将军坟"。这位造炮师，身材魁梧，聪明灵巧，他铸造的大炮可装一斗二升火药，射程一里之外，威力无比，深得钱青云的赞赏。

正是由于有如此强大的防御工事，白号军兵至玛瑙营盘下也没有办法进行攻击。《平黔纪略》中记载："（务川庙坝）贼分，掠绥阳场，蔓延龙泉上方，洞平，团营多溃，惟钱青云自保。贼夺县北三碗种、虎头坝、猫猫垭诸隘，薄城下，青云俟懈击之，贼稍却。"

武艺高强的钱青云带着乡丁团勇正是依仗坚城厉炮，以逸待劳，阻挡了号军的进攻。钱青云在号军松懈疲惫之时，又主动发动攻击，号军大败而退。从此，玛瑙山钱青云威名四扬，号军从此再也不敢进攻玛瑙山营盘。而凤冈玛瑙山营盘也成了"咸同号乱"时期黔东北诸多城池、营盘中的一个典范。

五、土 地 庙

口述人：钱九州（30岁）住玛瑙村青云庄
采集人：高源

在咸同年间，钱青云为保一方安宁，修建金磐山保护百姓，占据险要山势与号军进行作战。然而，战争断断续续，号军的势力并没有被削弱，反而日益猖獗。号军这种隔三岔五的侵扰让钱青云和村民苦不堪言。钱青云看到村民的日常生活被彻底打乱，想要给号军一个沉重的打击，让他们不敢再来作乱。可是怎么才能摆脱这种"你跑我追"的消耗战呢？钱青云陷入了深深的思考，常常夜不能寐。

一天夜里，钱青云走上西门的城墙巡视，正借着火把的光亮前行时，他突然意识到：西门进来的路两旁都是突起的陡坡，上面树木茂密，而进出西门的道路就夹在两侧陡坡之间，站在陡坡上居高临下，这是一个绝佳的伏击地点啊！钱青云大喜过望，不顾夜色已深，亲自上门将部下挨个喊醒，经过一夜的讨论，一个大胆而冒险的计划制订出来了。

又过了几天，号军小股部队又来到金磐山，企图劫掠一些财粮，在交战中，平时坚决迎敌的营盘守军却不堪一击，没多久便扔下武器撤往中营。号军一看，士气大振，召集一百多人撞开城门，一窝蜂地冲入营盘内准备大肆搜刮，这时密集的鼓点声响起，路两侧暗箭齐飞，在钱青云的带领下，守军从坡上的树林里冲出，号军瞬间被吓傻了，原来钱青云来了个"瓮中捉鳖"！没一会儿，号军就被全部斩杀于道路上，这对周遭游荡的号军无疑是一个沉重打击。

大胜过后，金磐山太平了很长时间，但总有巡逻的士兵和百姓说，夜间在斩杀号军的西门路上会有"游魂"扰人，钱青云为了安定百姓，便在路边建了一座土地庙，请土地公来镇压"游魂"，果不其然，土地庙建好后，西门重归安静。

编者按：土地庙位于营盘西门道路与南门的交叉口，现仍在，但在20世纪60年代"破四旧"运动中被破坏，仅残存庙顶。

六、蓝 白 场 ❷

口述人：石径乡及玛瑙山附近村民
整理人：干国禄、吴正光

"蓝"指清军，"白"是农民起义军的一支。"蓝"保清，"白"反清，两军交战，水火不容。可是，敌对双方却在一起赶场做买卖，互通有无，其交易的场所就叫"蓝白号场"或"蓝白场"。

咸同年间，贵州巡抚蒋霨远奉旨大办团练，龙泉县的团练，规模较大的有清江营、永协营、高营山团等，玛瑙山安治营也是其中之一。

蓝白通商，《高营山军务粮册略志》载："同治二年十月十一日，纱帽山团丁，因素与白号通商，奸匪混入营内，是夜纱帽山失利。正是：抱恨无涯是寇仇，为何图利自招尤？相因只料银钱谷，不及已忘风牛马。固是苍天加劫运，都缘帷幄少谋筹。看来孽障终归孽，天道循环识也不。"

这是高营山团首杨秀彬于同治十一年（1872）手书的文稿。彼时龙泉清军的主要武装力量之一永协团驻扎纱帽山。附近的玄天关，是北去县城、南走永和场的古道。从号军根据地城头盖到龙泉县城，必经此关。因此，纱帽山一带是团练与号军对峙的前沿，也成为其进行商贸交易、互通有无的地方。

同治三年（1864），蓝白场设在今石径与青滩的边界，小地名分水垭。河之左岸为号军控制地区，南近城头盖；右岸则是团练的控制地带。六池河成了两军的军事分界线。杨秀彬写道"咸丰十年正月十一日，赵青云、杨秀彬各首等商议，黄家池仍设卡开场……二层岩、张家山之贼由独溪沟而进"，"我边埋伏一起"，将敌打退，"卡于是乎成"，黄家池恢复赶场。河对岸白号控制区，人们不敢来黄家池赶场，"白号场"应运而生。

同治三年（1864），"本年年岁欠丰"，凤冈、务川、湄潭、思南等地都天旱，闹饥荒。二层岩白号根据地却谷物丰盈。其大营里的"场弯"赶场，人山人海。六池河左岸白号军占领区的灾民，进山到"场弯"买粮度荒。而清军控制区的灾民，也有人偷偷来此购取谷米。白号军不但给予方便，还保护他们的安全。随着购粮者增多，为防奸细混入，白号军就在六池河左岸的分水垭开设"白号场"，向灾民销售大量粮食。

白号场粮价便宜，交易红火，对清军占领区的军民极具吸引力。开始时是团丁练卒冒充百姓来此购粮,平安返回。于是就出现转手倒卖,从县城带来盐巴出售,买回梁谷赚钱。清军缺粮,号军缺盐,互通有无,公平买卖,皆大欢喜。

白号场的场地,是个斜坡,无屋舍,也无街面,人们在露天坝买卖,生意做完就散场。尽管蓝军与白号军为仇敌,但为了共度灾荒,达成默契,在蓝白场上自由买卖。

从县城去白号场,要由黄家池过河,进入独溪沟,爬坡上分水垭,才能到达。清军镇压白号军后,白号场仍旧继续赶场,从未中断。民国时期,白号场才迁至观音塘,再迁彭脚岩。民国三十二年(1943),又迁回分水垭,这才有了"街街"和"几家铺子",农历每月三、八日赶场。"白号场"的地名也就一直留存了下来。

玛瑙山营盘的北门附近也设有市场。场坝不大,小巧玲珑。街房整齐,街道笔直。旧有长约60、宽约10米的石铺街道。屋舍沿街依山而建,进营左侧铺面10余间,对门铺面也是10余间,其后又有二层街房,共三层。登高远眺,就像一个小写的"三"字,三横三排,木屋瓦顶,栉比鳞次。临街一面,屋顶盖瓦,左右无壁,称为"凉天",于此摆摊设点,销售商品,人气兴旺。

这里的场,每五天一次。附近乡民、远处客商都云集于此。他们交易的商品,主要是生活用品,如粮、盐、酒等,也有当地人种植的鸦片。贵州鸦片的种植,始于道光年间,到咸丰六年(1856)已大规模种植。据说同治三年(1864),玛瑙山安治营营主钱青云病情加重,曾以鸦片救治,但终究撒手人寰,享年56岁。《钱青云墓碑》记载"近悦远来,赖为保障。为所居,一年成聚,二年成市,三年降者归者且益众",描述的就是这一情景。

编者按:北门附近的场坝,今只存部分石质建筑基础。附近所见瓦砾较少,当初是否为瓦苫顶还需考证。蓝白场的开设,反映了在特殊情况下,敌我双方的变通与妥协。类似的蓝白场,在凤冈境内不止此一处,在号军起义的中晚期,双方基本达成默契,在生活物资的流通上,互开方便之门。

七、深夜追印

口述人：钱江（64岁）住玛瑙山营盘内
　　　　　钱家锭（54岁）住玛瑙村青云庄
　　　　　钱邦刚之妻（45岁）、董远根（74岁），均住玛瑙村沟里头
采集人：高源

　　据说20世纪80年代，凤冈县政府及机关单位组织民兵来玛瑙山打靶。就在打靶的当晚，村里发生了一件蹊跷的事情。

　　夜里，有七八位住在沟里头的村民在回家途中，经过岩面口（麻柳树坪坪）时，听到玛瑙山方向有吵架、打杀的声音，声音很大，当时很多住在沟里头和官田的村民也听到了这些吼叫声，纷纷出门一探究竟。

　　一开始听见声音在路边，走到路边了声音又在前方，村民们以为是住在营盘里的钱江家与别人产生了冲突，互相争吵。村民们便循声追去，发现声音一直从前方传来，随人而行。到营盘内，村民发现钱江家并没有争执，声音继续在前方，被村民喊醒的钱江与村民继续循声追去，一直追出营盘的西门之外，发现声音在对面山头，当他们追到对面山头，声音又在前方，这么追逐了一段时间，仍然没有发现声音确切来源，村民便不再继续追寻，声音也就渐渐消失。

　　第二天，这个事情在村里传开，钱江的父亲钱家才告诉村民们：前一天，在民兵打靶的同时，有县文物管理所的人员带着仪器前来中营探查，后来探出一个盒，说里面为钱青云的大印，印上书"南巡统带"。于是村民们纷纷猜测说当天晚上的声音是钱青云随从们的魂魄因大印被取走而嘶吼。

　　编者按：现在玛瑙村40岁以上的绝大部分村民都曾亲历此事，所叙述的事件经过也都大致相同。遗憾的是，此印唯一的见证者钱家才老人

已经去世。村民中也有传言说，此印后来被存放于县文物管理所，但据现凤冈县文物管理所周志龙所长证实，并未见过此印。事颇戏谑，但反映了当地村民对玛瑙山的认知，故一并收录。

八、老营盘

口述人：钱九州（30岁）住玛瑙村青云庄
　　　　　钱江（64岁）住玛瑙山营盘内
　　　　　钱邦夏（75岁）住玛瑙村官田
采集人：高源

老营盘位于玛瑙村官田后的半山坡上，现还有少量残留城垣，可能与玛瑙山为同一时期的遗存。但村民们对老营盘的了解极少，只是传闻其为钱青珍所修。据称当时钱青珍、钱青云等四兄弟家资丰厚，便相互攀比，同时修建营盘，但后来因为资金不足等各种原因，钱青珍放弃了老营盘，钱氏家族便共同使用金磐山营盘为庇护。

也有传说，这里可能是钱青云最开始营建营盘的地方，后因某种原因放弃，而选择地势相对低平，但有溶洞可以利用的玛瑙山。

编者按：老营盘不一定为钱青珍所修，原因如下：①钱青珍墓的碑文记载中并未像钱青云墓的碑文中一样记载"筑营"之事，对于"筑营"这么一件家族大事，只字不提，仅以"庇荫宗族"一句概而言之。②老营盘若和钱青云的金磐山同时修建，那么村民口耳相传的故事中不应该只有金磐山而不提老营盘。③钱青珍碑文中称其"友爱同气，不愧雁行"，他与同胞的兄弟姐妹之间相互友爱、尊重，如此良好的关系到晚年为何要内部攀比修建营盘？虽然碑文撰写多隐恶扬善，但这出入较大，相互矛盾。④钱青云"预知时变"修筑金磐山，其原因有部分归功于钱青云的武生身份，因此才会有建营盘的军事智谋；但是钱青珍"过目成诵""不得已弃诵读，而理外务焉""多积书卷"，显然他更可能是一名文人雅士，同时他为家中长子，主理家事，在这么多重的身份之下，钱青云主持修建一座"半途而废"的营盘不太现实。

九、钱氏先祖

口述人：钱九州（30岁）住玛瑙村青云庄
　　　　钱邦金（58岁）住玛瑙村沟里头
采集人：高源

　　明朝隆庆元年（1567），钱氏后裔钱谦一、钱谦二兄弟二人由江西临江府新喻禄塘（今新余市水北乡钱塘村）迁入贵州，在石阡府江外迎仙里玛瑙山脚下居住下来。钱谦二在这里与妻子勾氏相识，钱氏自此在玛瑙山繁衍生息，玛瑙山后世钱氏族人都尊其为玛瑙山一世祖。钱谦二则在数年后又迁入四川正式定居。

　　二世祖：钱懋贵，钱谦二的次子。娶妻刘氏，死后葬于青冈林顶新房子屋后的半山中（现名祖坟堡）。

　　三世祖：钱维新，钱懋贵之子。娶妻任氏，享年93岁，葬于青冈林顶新房子屋后的二世祖钱懋贵之墓右侧。

　　四世祖：钱时瑾，钱维新之子。娶妻张、熊、宋氏，享年32岁。葬于青冈林顶新房子屋后的二世祖钱懋贵之墓左侧。

　　五世祖：长子，钱国用；次子，钱国琼；三子，钱国琦；四子，钱国琚；五子，钱国瑶；六子，钱国璋。

　　编者按：在根据口述人讲述整理的同时，还参考了《钱敖谱志》（2009）的相关记载。

十、小　结

　　关于玛瑙山的民间传说十分丰富，远不止上述数则。这些口碑间代代相传的故事生动而具象，反映了民间对玛瑙山的记忆与解读，是对枯燥乏味的实物描述和只言片语的文献记载的有益补充。其中较多的故事，涉及咸同起义与钱氏筑营，与文献的记载基本一致，应是历史真实的镜像，却因有血有肉而更具历史的肌理。咸同号乱，清军不堪，政府下旨乡绅操办团练、修筑寨堡以自保，武生钱青云顺势而起，其所维持的是玛瑙山周边的基层社会，其所对抗的是组织无序而四处劫掠的号军。当双方各有据点而彼此僵持时，原本顺畅的物资流通被阻隔，在敌我双方交接地带便出现了一种新型的交易场所——"蓝白场"，成为动荡社会的黏合剂。各大营内、各家之间也进行积极的贸易，互通有无，保障日常的生活，玛瑙山也不例外。这是文献记载鲜有呈现的历史细节。

　　在玛瑙山当地，这座山也成为宋人任正隆起义的落脚点，这个广为流布的传说有晚出的明清文献作支撑，表明任正隆起义应确有其事，并且也曾据险立寨，但其选择的据点未必在玛瑙山，因为这里尚未发现宋代遗存，所以目前尚无法据此将玛瑙山营盘的始建年代推至宋代。晚出的"追印"故事，可以解读为民间对这座神山的敬畏，只要山还在，这样的故事仍会被不断的创造。也许有一天，曾经的考古故事，也会在村民的口耳之间变成一段美丽的传说。

注释

❶ 结合文献及当地传说整理。

❷ 据凤冈县旅游事业局编《玛瑙山官田寨》第五章"集市贸易"一节修改,贵州人民出版社,2008年,第133~153页。

柒

上山的艺术：地方武装与乡间秩序

玛瑙山营盘是在咸同起义、社会动荡的背景下，以当地豪族大姓钱氏为首营建的一处防御工事，是一处避难之地。不独玛瑙山，因避乱而建的寨堡，咸同年间曾广泛流行。"军兴以来，四乡莫不兴寨堡，仅遵义一县所录者，得一百七十所，藉以保全我老弱妇孺生命名节者，何暇数万万。"❶这类寨堡，多是政府倡议，乡民在深孚众望的乡绅领导下自行营建而成的，并由营主或寨主组织团练进行防御，寇来则战，寇退则耕，从而形成耕战结合的地方自卫力量，有力地维护了19世纪的乡村秩序。乡村的领导者和村民，用他们的智慧书写着一种"上山的艺术"。

一、玛瑙山营盘的年代与性质

（一）年代

现存营盘的特点、地表采集和试掘出土的遗物以及相关文献记载，均表明遗址的年代不早于清代中期。在口碑文献中，亦有不少清咸丰年间营建营盘的传说。

1. 营盘特点

玛瑙山营盘最为典型的特点是，有大量射击孔（52个）和炮台（11个）的分布，还有碉楼（1座）、哨台（3座）等设施，同时对地下空间进行了科学、合理的利用。这些特点，具有鲜明的时代性。

射击孔和炮台的出现，是火器广泛使用的标志，火炮常与碉楼配合使用。民国《续遵义府志·城池》所载具有明确营建年代的寨堡中，类似设施颇为普遍，如同治元年（1862）所筑乐荣寨，"陆路一道，以大炮守之"；绿塘河寨，"有碉楼三"，"大铁炮二尊"；掬蕨坝寨"筑炮台三以护寨，并就寨后山高处建石碉楼"；咸丰末所建茶台坝寨有"炮台八，枪眼百余"，"寨北地道十余丈，与石碉通。碉在寨外，数人轮守，以为蔽护"；铧尖崖寨"铸大炮三尊，抬枪鸟机无算"；一心寨"四面多置炮台,贼每来,不敢轻犯"❷(表7-1)。与之形成鲜明对比的是,明代黔北势力最为强劲的土司杨应龙在万历年间重建的海龙囤上,并未发现炮台和枪眼之类的设施❸,表明火器在明代晚期尚未在黔北地区普遍使用。据研究,我国在宋元时期开始制造火器并用于军事,至明代,火器技术取得长足进步。但直到明代中后期,随西方的火绳枪与佛郎机传入中国,火器制造才上了一个新的台阶。而此时的火器主要配备于明军中,西南少数民族则仍以使用冷兵器为主,火器技术于此并未普及❹。万历二十八年(1600)的播州之役中,播州军曾"虏去军兵,使教士兵放铳、制火药",明军攻囤时只"当阵夺获百子铳一门",表明播军并未完全掌握火器制造与使用技术。明军统帅李化龙更是直言:"播贼无火器,攻之须用火器。今该镇带来有硝磺,有火器,便是长技矣。"❺海龙囤的垣墙特点以及文献记载已清晰陈明火器在明末黔北的使用状况,即有零星使用,尚未普及,因此,在城池的营造中并未考虑火器的位置。黔北最为强劲的家族尚且如此,其余势力所营建的营盘便可想而知。因此,据之可以推断,该区域内但凡出现炮台、枪眼之类与火器相关设施的营盘,其年代早不过明代。而以上所列,有类似设施的营盘,其年代都在清咸同年间,玛瑙山的年代应与之一致。

此外,碉楼亦普遍见诸咸同年间所筑的各类营盘中(表7-1),海龙囤、养马城、养鸡城等明代营盘中则未见。清代所筑营盘,大致有三类,一类筑于险峻的山巅,据险立寨,此系大宗;一类则设于洞内,于洞口筑墙防御,数量次之;一类则建在平地,设垣墙,并以河流、农田为守,数量较少。玛瑙山则综合了前两类营盘的特点,将山城和洞囤完美结合。但山体之下彼此串通的溶洞,并非一个消极的躲避空间,而是一条积极的防御通道,具有地道的性质。前揭咸丰末所建茶台坝寨即设有地道,与碉楼配合使用。"寨北地道十余丈,与石碉通。碉在寨外,数人轮守,以为蔽护。"这些共同的特点,都可以作为判断玛瑙山营盘营筑年代的参照。

表 7-1 遵义寨堡举要

寨堡	倡筑人 人员	倡筑人 身份	修筑时间	寨主	特点	属地
东绥寨	喻廷彬		同治元年（1862）	喻廷彬、李长清（副）	地踞平原，当遵湄通衢。石墙二里，堞高一丈四尺。去寨百步，建石碉，以卫出汲水者	
东升寨			同治四年（1865）		周墙五十丈，堞高一丈四尺	
东山寨			同治二年（1863）		中坪场居民倚以避乱	
彭家寨			同治二年（1863）		四面皆山，湘流其下	
东明寨			咸丰十一年（1861）		寨周里许，堞高丈余，洿田为壕。堞上可仰施枪弹	
马家寨			同治元年（1862）		因山为垣	
玉屏寨	宴大才		咸丰七年（1857）		寨踞山巅，三面巉岩	
东皋寨	张思敬		咸丰十年（1860）		寨踞山巅，因岩石曲折为垣，周围五里，堞高一丈五尺	遵义县
锯子岩寨			同治二年（1863）		寨踞山巅，周围仅里许	
缉麻窝寨			同治元年（1862）			
金狮营寨			咸丰九年（1859）	里人张思敬驻团兵于此	山形若狮，高巨无匹，嶙峋十余里，堞高一丈四尺，内纳五营	
张家坡寨			咸丰十年（1860）			
东安寨	蔡永明	里人	同治元年（1862）		寨冠山顶，周三里许	
东福寨			同治元年（1862）		寨据平原，四面泥田	
东平寨			同治元年（1862）		寨冠山巅，周百余丈	
东藩寨			同治元年（1862）		寨在坳间，未臻险固	
东高寨			同治元年（1862）		寨踞山巅，甚陡绝	

续表

寨堡	倡筑人 人员	倡筑人 身份	修筑时间	寨主	特点	属地
吉子山寨			同治元年（1862）			
迎水栈寨	苟姓聚族为之		同治元年（1862）	苟云纠	周不过里许，堞皆垂崖隙，楞舷垒成，颇形险固	
唐家寨			同治元年（1862）			
朝阳寺寨			同治元年（1862）		寨平易，非险阻可凭者	
白竹山寨			同治元年（1862）		三面悬岩，一面平陆，不易守	
囤尖营寨			同治元年（1862）		厥高可左右望数十里，险要难攻	
天山营寨			同治元年（1862）		高踞尖山顶	
九龙场寨			同治元年（1862）		地势低，不易守	遵义县
乐新寨			同治元年（1862）		寨周五里，堞高丈余，跨两小山间	
乐冈寨	王城		同治元年（1862）		三面险峻，一面当陆路	
禹门寨	黎兆祺	里人	同治元年（1862）		独据形胜，为门者四，濠墙楼堞皆具。寨始有二千余户，丁壮数千人	
马鬃岭寨			同治元年（1862）		居高岗，俯视湄潭	
燕毛顶寨			同治元年（1862）		筑土为垣	
乐荣寨	姚福田	乡人	同治元年（1862）		宽三百余丈，垣墙高丈余，四门皆备，作濠池，以大炮守之	
马鞍山寨			同治元年（1862）		寨在山巅	
乐福寨			同治元年（1862）			
官田坝寨			同治元年（1862）		寨踞岭，平坦如盘	

续表

寨堡	倡筑人 人员	倡筑人 身份	修筑时间	寨主	特点	属地
小岩寨			同治元年（1862）			
大岩寨			同治元年（1862）			
绿塘河寨	黄登魁、叶琼枝	寨首	同治元年（1862）		有碉楼三、大铁炮二尊	
大义寨	余应奎	乡人	同治元年（1862）		山形如圆锥	
安乐寨			同治二年（1863）		乡人筑以避贼	
忠心寨	周应举、李文秀	乡人	同治二年（1863）		孤峰矗立，易于固守	
天台寺寨	李思隆	团首	咸丰十年（1860）			遵义县
天保寨	刘思隆	保正	咸丰			
歪觜寨			咸丰九年（1859）	何端期、李朝银	山势欹斜，营戴其顶，唯一路可登，易设伏	
茶山营	钱学应、田国玉	寨主	咸丰八年（1858）		寨乘高山，下临乌江	
钟家营	钟以富				营蹲大山顶，凭陵四顾	
永安寨	李桂舲	举人	同治元年（1862）		背山面水	
马坎关寨	张殿琛	团绅	同治元年（1862）			
西康寨	龚应槐、何述祖、杨芳	团民	同治二年（1863）		寨地不易守	
天井台寨	毛、李、赵三姓	乡民	同治二年（1863）		跨两山为寨，高三十余丈	
久安寨			同治二年（1863）		三面临河，惟西有小径	

续表

寨堡	倡筑人 人员	倡筑人 身份	修筑时间	寨主	特点	属地
乐闽城寨	张极城	团民	同治元年（1862）		以前明卢世安所建城改建，寨门四、旁门三、炮台九	
坚义寨	秦治籴	保正	同治二年（1863）		两寨夹河而立	
何家寨						
金山寨	赵秉忠	乡人	同治元年（1862）		高踞山顶，可百余丈	
银屏山寨	冷德聪、姚君甫、萧鸿涛	乡人	同治元年（1862）		高三十余丈，东面悬崖，余皆有径可通	
万佛洞寨	刘承先	乡人	同治元年（1862）		洞通亮，长五十余丈，因洞筑垣	
里仁寨	张如瑶	武生	同治元年（1862）		高五十余丈，四面斗峻	
天位寨	何全安、刘云五	乡人	同治二年（1863）		山形高圆，四面平畴，为寨门二	遵义县
保子山寨	张天顺、何国海	保正	同治元年（1862）		三面层崖，一面稍平	
金龙寺寨	朱、马贩子	商人	同治三年（1864）	谢东山	旧有墙垣，地势卑下	
崙子坡寨	宋显廷	团民	同治二年（1863）			
白云寨	何应中、张正元		同治三年（1864）	朱廷瑜	田间一山，寨冠顶上	
人和寨	张世林、沈大兴、张世杰	团民	同治二年（1863）		因寺砌墙，筑寨其间	
马鞍山寨	刘宗元	团民	同治元年（1862）			
地山寨	吴心安、吴树敏	团民	咸丰十一年（1861）			

柒 上山的艺术：地方武装与乡间秩序

141

续表

寨堡	倡筑人 人员	倡筑人 身份	修筑时间	寨主	特点	属地
永安寨	李朝熙	团民	同治元年（1862）			
白牛寨	罗人骧	贡生	同治三年（1864）		筑土为墙，集乡人居之	
西胜寨	高国礼、陈子名		同治二年（1863）			
龙井坝寨	团众		同治三年（1864）		山高百丈，地势险要，筑石墙以居之	
西霖寨	王维藩	生员	同治元年（1862）	生员王金音	高四十余丈	
西和寨	熊德玉、陈宗和	团民	同治二年（1863）	陈宗和	一峰高耸百余丈，辟西北两门	
老鸦山寨	张维龙、毛焕堂	团绅	同治元年（1862）		众山环绕，高百余丈，集乡人筑寨居之	
勷宝寨	陈绍宗	团民	同治二年（1863）		就寺为寨	遵义县
傅家寨	傅启绪	团绅	同治元年（1862）		山高数十丈，四面有路	
青坑寨	周遵明、周升权	团民	同治二年（1863）			
西平寨	傅元恺	生员	同治二年（1863）		高十余丈，四望无遗	
西安寨	团众		同治二年（1863）			
西归寨	彭志和	团民	同治二年（1863）		前为悬崖，后为峻岭，下有溶洞	
西服寨	团众		同治二年（1863）		山高数十丈，与西归寨对峙	
西化寨	王德胜、张瑞堂	团民	同治二年（1863）			
西成寨	李发科	总团	同治二年（1863）			
北兴寨	杨元绩	生员	同治二年（1863）	张必恭		

续表

寨堡	倡筑人 人员	倡筑人 身份	修筑时间	寨主	特点	属地
白成寨	罗飞鹏	武生	同治二年（1863）		在其住宅后	遵义县
金瓯寨			嘉庆元年（1796）	杨固本	山高路险，运藏不易，有金瓯门	
北刚寨			同治三年（1864）	廪生傅修文、王子厚	在平地	
壶芦山寨	冯旭、冯慎斋	团首	同治三年（1864）			
天保寨	智崑同、王鉴堂	僧	同治二年（1863）		贼来攻，异大炮对袭	
抱合山寨	遵绥两县居民		同治三年（1864）		山高万仞，一线可通，不假垣墙而安如磐石	
人和寨	张光昌		同治三年（1864）			
恩福寨	陈茂达	乡民	同治二年（1863）		一方赖以保全	
天心寨	赵世侯		同治三年（1864）			
坉山寨	团民共建		同治三年（1864）			
石笋岩寨	左天芳、罗万荣、罗仕秀	乡人	同治初年			
尜口岩寨	雷玉芳	乡人	同治三年（1864）	雷玉芳		
武安寨	陈映奎	乡人	同治三年（1864）		寨处平原，一河绕寨，四周湾田	
大山寨	陈映华	乡人	同治四年（1865）		山最高耸，为群山之主，可遥望百里	
河上营寨	李天培	乡人	同治四年（1865）		寨最险峻，峭壁层岩	
白云寨	李元升、李元高	乡人	同治二年（1863）		寨最险峻，左有河流，右有峭壁	
紫霞山寨			同治二年（1863）	武解元、赵万春		
罗汉坡寨			同治二年（1863）	黄钦、刘万春		

续表

寨堡	倡筑人 人员	倡筑人 身份	修筑时间	寨主	特点	属地
北发寨			同治二年（1863）	武举杨大勋		遵义县
鹅项颈寨			同治二年（1863）	徐鸿绅		遵义县
蒋家坪寨			同治二年（1863）	张姓		遵义县
万家坪寨			同治二年（1863）	黄相臣		遵义县
艾子宕寨			同治二年（1863）	陈栋		遵义县
马鬃顶寨			同治二年（1863）	文生何鹏举、黄治科		遵义县
名扬寨	陈元勋	乡人	同治元年（1862）		寨兵强悍，为此方之冠，练丁常救援各寨	
古城寨			咸丰三年（1853）		居民因旧址修葺以避乱	正安州
天顺寨			咸丰九年（1859）		山势险峻，上乃平原	正安州
忠正寨	严宗大	乡绅、州判	咸丰八年（1858）			正安州
独善寨	李藻文、李百川		咸丰十一年（1861）		垒石为寨	正安州
双合寨	向桂廷、王宗意		咸丰七年（1857）		山势险峻，顶有平原，各筑一寨，以通往来，故名	正安州
卧虎山寨	王德培	文生	咸丰七年（1857）		与双合寨相对	正安州
永安寨			咸丰五年（1855）		四围壁削，唯一小径可通	正安州
永康寨			咸丰五年（1855）		形势最胜	正安州
永和寨			同治二年（1863）		背负岩阿，前倚水田为固	正安州
掏蕨坝寨	胡先科	副将	同治初		胡先科以家修筑，聚里人居其上，可容千人，筑炮台三，寨后高处建碉楼	正安州

续表

寨堡	倡筑人 人员	倡筑人 身份	修筑时间	寨主	特点	属地
木耳湾寨	胡先绍	参将	咸丰初		因山筑寨，形如长匏，可容千人。口筑炮台一，环筑炮台五	正安州
茶台坝寨	胡先海	附生	咸丰末		周八百余步，堞高一丈五尺，寨门一，炮台八，枪眼百余，水道二。寨北地道十余丈，与寨外石碉通，遇警则入寨自保	
河嘴寨	邹基树、王昌连		同治二年（1863）		三面临河，峭壁屹立，高百余丈，山后岩半有洞	
万全寨	冯际飏	乡人	同治二年（1863）		四面峭壁悬崖，筑以避贼	
平安寨	乡人集众修筑		同治二年（1863）			
卢家寨	卢姓族人合筑		同治二年（1863）			
海龙寨	乡人集众修筑		同治二年（1863）			
清和寨	朱桢银	乡人	同治三年（1864）			
青龙寨	朱祥清		光绪六年（1880）		集众修筑	
马鞍寨	金衍庆、傅昌明		同治初		岭凹如山，惜水在寨外	桐梓县
铧尖崖寨	王正儒		咸丰末		峰尖如铧，截以住家，峰周掘筑屋址二千余尺，有垛堞守望，大炮三尊，抬枪鸟机无算	
丰山顶寨	冯大鸿	乡人	咸丰		形势险固	绥阳县
中寨营	冯思永	寨首	咸丰末		地势险要	
大岩顶寨	胡永传、郑仕官、林开书		同治元年（1862）		山多怪石，绵弥数十里	
一心寨	卜周政、彭佑之		咸丰末		建于平地土垄上，水田环之，四面多置炮台	

柒 上山的艺术：地方武装与乡间秩序

续表

寨堡	倡筑人 人员	倡筑人 身份	修筑时间	寨主	特点	属地
牛角坉寨			同治三年（1864）			
鹅公坪寨	韩秉乾、王德光	文生	同治元年（1862）			
新营盘寨	丁银山	乡人			四面绝壁，高出诸山	
半边营寨	王润堂	乡绅	同治元年（1862）		东北皆绝壁，西南略坦夷，前后为营门。贼至则入寨防守，去则下寨耕作	绥阳县
方家山寨	李象山、田新堂	武生、监生	同治元年（1862）		三山矗立平地，相距半里，高各百仞。外用鹿角榨，内树木栅，各开寨门，垒之以石	
扁桶寨						
羊角山寨						
马獭洞寨	杨姓	乡人	同治元年（1862）		洞口壁立，吴元彪乱时，杨姓纠合居民入洞，洞口垒石为门	
鸡公山寨	丁子嘉	寨首	同治二年（1862）		孤出群峰，四面绝壁	
朝阳洞	任铭玳	乡绅	道光十八年（1838）		悬岩数十仞，中空一洞。温水穆逆之变，乡绅任铭玳兄弟偕邻人觅之，因率族人避居其间	
沙冈坉寨		乡人	同治二年（1863）		四山皆低，此峰独高	
仙人洞寨		乡人	同治元年（1862）		乡人十余家造三楼于洞中避难，左有炮台	
猴子洞	王安龙、杨子香	里人	咸丰四年（1854）	王泰琇（洞首）	洞外悬岩壁立，上有天窗，可容人二千，凿石梯直上洞口，洞顶縋以纤绳	仁怀县
木城寨		乡人	同治元年（1862）		一山独峙	
杉木岩寨		乡人	同治三年（1864）		筑寨岩顶	
新囤岩			万历四年（1576）同治元年（1862）		石壁屹立，壁间一穴，长半里许，宽二三丈。石壁间有"明万历四年"字样，又掘得崇祯钱与古碗，知此历为避乱桃源	

续表

寨堡	倡筑人 人员	倡筑人 身份	修筑时间	寨主	特点	属地
月亮岩寨	李国文		同治元年（1862）		两寨皆石壁，高悬万丈，虽飞羽难至	
和尚寨						
磨盘岩寨	李纯庵		同治元年（1862）			
金安寨	孟仕麟	乡人	同治三年（1864）		山形如马，高大险峻	
长大岩		乡人	同治三年（1864）		旧有寨。同治之乱，乡人重筑寨于斗岩中，避贼倚为天险	
铁灯山寨			同治三年（1864）		三面环水，一面负山，仅一仄径	仁怀县
尖山子寨		乡人	同治三年（1864）		乡人筑寨于山巅，高于诸山	
脚盆寨		乡人	同治三年（1864）		形如盆，故名。乡人集众建筑	
永安寨	甘银	乡人	同治三年（1864）		山不甚高，然颇险要	
永安寨	甘臣杰	乡人	光绪二十一年（1895）		土匪四掠，重修三合山旧寨而，以为移居避抢之计	
胡皮湾大寨	袁正仕	贡生	同治三年（1864）		防御有方，保全万余人	
天保寨	王万春、李广发		咸丰四年（1854）		山最高，极险要，横阔五六里，田土肥沃，屋舍杂置	

注：（1）此表据民国《续遵义府志》卷二《城池》制成，该书共收遵义寨堡396处，有山寨、平堡和洞屯等类（"高山为寨，平地为堡"），表中各用不同颜色标注。这里只收录其中有明确修筑年代的160处，以窥全貌。

（2）由表可见，上述遵义寨堡修筑年代最早者为万历四年（1576）新囤岩，最晚的是光绪二十一年（1895）永安寨，绝大多数则是咸同年间所建，用以避乱。

（3）寨堡的倡建人，有举人、贡生、生员、乡人、里人、团民、保正、团首、寨首、文生、武生、商人、僧侣等；守寨堡的，则有寨主、营主、洞首或堡正（吴家崖寨）等；光绪《湄潭县志·武备志·营砦》所记"守囤必有一地豪为之长，长得其人则众拜其赐"，即此之谓也，建囤亦然。这些人员主体是"地豪"。换言之，寨堡的营建，是乡村在社会动荡的背景下，一种自发性的集体行为。

2. 出土遗物

营内采集和试掘出土遗物的年代指向是很明确的。

遗物中的瓷器数量较丰，也具有较鲜明的时代特征，可以为玛瑙山营盘的年代推定提供直接的依据。瓷器以粗瓷器和青花瓷器为大宗，其中粗瓷器占70%以上，另有少量白釉瓷器和珐琅彩瓷器。器类有杯、盘、碗、钵、壶、匙、罐、缸、瓮、坛等。青花瓷的纹饰有灵芝茶花纹、太阳花纹、梵文等。青花瓷、白釉瓷和珐琅彩瓷等精细瓷器为外来产品，可确定其中部分来自江西景德镇。窑罐厂的发现则清晰表明粗瓷为本地产品。

瓷器中的青花瓷、白釉瓷和珐琅彩瓷，均指向清代中晚期。粗瓷的年代也较晚近，与青花瓷显示的年代相符。营内采集和试掘出土的遗物，目前未见早于清代中期者。这说明清代中晚期，是玛瑙山人群活动最为频繁的时期，此前纵使已有经营，但并未留下清晰印记。

3. 文献记载

关于玛瑙山营盘的文献记载，主要出现在方志、族谱和墓葬碑刻这三类文本中，前者是官修文献，后两者则是具有谱牒性质的私家文献，它们所表述的内容基本一致。前文已多次引用，为便于讨论，复缕引如下。

（1）光绪《湄潭县志》三处提及钱青云与玛瑙山：

> 金磐山营，一名玛瑙山，城北百三十余里，平地突起，山坞怪石嵯峨，坞底一洞，幽深曲折。武生钱青云鸠工凿石，就势建垣，因营此[6]。
>
> 武生钱青云营玛瑙山[7]。
>
> 钱青云，武生，好义轻财，世乱毁家，立营金盘山，雁户如归，为一方保障[8]。

（2）同治十三年（1874）《钱氏族谱》记钱青云捐金修营于玛瑙山：

> 青云……岁咸丰在位。于七年辛（丁）巳，白贼叛乱，我叔云翁，捐金修营于马脑山，取名金磐山。并聚族众，招练防

剿，远近众皆乐输役。因此贼不敢正视，地方得以偏安。兹固叔之大力，非深明大义者不能也。所以芳声讵播，地方官将叔申达京邑，保举蓝翎，准给六品冠带。不幸贼未萧（肃）清，过劳，病故于同治三年六（八）月，没（殁）于金盤山营。遂葬于铜江水通义祖之墓左❾。

（3）钱青云墓碑铭文记钱青云筑营金磐：

望崖先生，武肃王之裔也。先世自浙入黔，传至父惠甫公讳通义，承先泽，家官田。富而好礼，笃生贤嗣。先生行五，嘉庆戊辰年九月十四巳时诞，昆季俱列胶庠。惟先生布衣，落落有大志。性聪慧，百工艺事皆通晓。寻常入官物曲雕绘，经手即精而绝伦。言行正大，气度从容，不侮矜寡，不畏强御。行年四十，预知时变，筑营□□，缮甲治兵，人莫知其故。未几，教匪果起，四方猖獗，先生出奇制胜。复建"安治营"于金磐山，近悦远来，赖为保障。为所居，一年成聚，二年成市，三年降者归者且益众。屡膺龙、湄前后县主荐闻，钦加五品蓝翎，以藩经历，尽先试用。大丈夫功成名遂，当不止此，然以名山事业，扬之当途，传之不朽，先生亦人杰也哉。同治三年八月十五戌时，卒于中营，享年五十有六。葬通义公墓之右，巳山亥向。原配朱氏，生子二，仲早逝，长君嗣立为营主，克绍先烈。继妻勾氏，生子一，成室。女一，适人。诸兰孙皆茁芽而起。惟先生以士夫立，武功用，能有后，无弃基，勾孺人内助之力居多云。

以上为左碑铭文。右碑又记：

族间能武亦能文，望崖先生更超群。布衣早算知清局，揆文奋武靖妖氛，出奇制胜妖氛靖。营立金磐保众姓，安治远德且深谋，内外章程先酎定。湄、龙两属与阡阳，有地当冲永盛场。五路扬镳各处通，南团一臂守封疆，马脑山头当关立，频年防陼历霜雪。嗣皇继圣纪军功，州县申明达京邑。钦赐蓝翎锡爵来，阵营开处恩云开。男儿立功征异域，万里封侯有始阶。

三类文献均认为玛瑙山营为武生钱青云所建，但内容略有抵牾处，可相互校正。关于钱青云的生卒年，当以墓碑所记为是，即生于嘉庆十三年（1808）九月十四日，卒于同治三年（1864）八月十五日，享年56岁。同治十三年（1874）《钱氏族谱》记其卒于是年六月，误。同谱又记"于七年辛巳，白贼叛乱"，其中辛巳应是丁巳之误，即咸丰七年丁巳（1857）。该谱记载，钱青云筑营玛瑙山始于是年。然而，碑文记钱青云"行年四十，预知时变，筑营□□，缮甲治兵，人莫知其故。未几，教匪果起"。钱青云行年四十，即是在道光二十八年（1848）。碑文认为钱青云从此年开始建营玛瑙山，两者之间悬殊了近10年。据光绪《湄潭县志·武备志》记载："道光二十年（1840）庚子，四川教匪刘义顺来龙邑长连坝传教，事败遁去。白号始此。咸丰四年（1854）甲寅，桐梓叛匪杨隆喜攻遵义城，知县张志绂札各里齐团防堵。五年乙卯，都匀抬拱等处苗作乱，青号始此。六年丙辰，教匪刘义顺作乱，攻陷思南府，转攻龙邑成，启里各团救却之。"❿ 黎庶昌《禹门寺筑寨始末记》："咸丰四年（1854）八月，桐梓奸民杨龙喜作乱，破县城，出娄山关，进窥遵义……里人就禹门寺设治团练御贼，于是始有筑寨之议。"同治初"于公（钟岳）之任遵义也，屡劝乡人仿古坚壁清野法，修筑寨堡自卫"❶。记载显示，遵义的筑营活动是在咸丰四年（1854）杨龙喜之乱后，才在政府的倡议下大规模展开的，表7-1的统计亦反映了这一趋势。因此，关于建营的具体时间，同治十三年（1874）《钱氏族谱》的记载应更为公允，即在咸丰七年（1857）。墓碑铭文可能夸大了钱青云的前瞻性。可资佐证的是，营内在咸丰六年（1856）之后，不复有钱氏族人葬入，且直到咸丰六年（1856）的钱母熊氏墓碑文字，也未曾提到玛瑙山营盘。

4. 口碑传说

我们所采集的 9 则口碑文献中，多则明确谈到钱青云在咸同年间建金磐山事，表明钱青云墓碑上道光年间建营的说法并未被广泛接受。

一则口碑文献提到宋绍兴年间的任正隆起义，称起义陷入被动后，他的队伍被迫退守玛瑙山，官兵将玛瑙山团团围住，任正隆的队伍撤入山中的溶洞，官兵堵住洞口，他们又在洞中挖出一条地下河，顺着这条河顺利逃出。任正隆的传说，在凤冈绥阳镇、土溪镇一带广为流传。任正隆其人，万历《黔记》卷一〇《山水志》两次提及，称龙泉县诸山中，有"将军山，宋绍兴二年（1132），任正隆之变，都机安文于此誓师，故名。"又"有黄杨囤，周围绝壁，大河环绕，上产黄杨木，可容百万人。宋绍兴间任正隆据之叛，都机安文克平之。营栅堑洫犹存"❷。从明代文献的记载结合口碑传说看，任正隆可能确有其人，但文献记载的其起义的据点在"黄杨囤"，该囤"周围绝壁，大河环绕"，显非玛瑙山。过去依据任正隆起义的传说，将玛瑙山的年代上限推至南宋的观点值得推敲。

综上所述，从现存玛瑙山营盘的特点，可将其营建年代定在清代，而营内出土遗物则聚焦于清代中晚期。文献记载则进一步显示玛瑙山营盘由当地武生钱青云（1808~1864）所倡筑，并担任营主，其具体筑营的时间，有道光二十八年（1848）和咸丰七年（1857）两说，结合该区域内号军起义的社会背景和寨堡营建的普遍时间，我们更倾向于咸丰七年（1857）说。有论者根据宋绍兴年间任正隆起义的民间传说将玛瑙山营盘的始建年代推至南宋，不完全排除这种可能性，但我们在玛瑙山上并未发现可以确定早于清代的遗存。目前所有的证据均表明，现存的玛瑙山营盘是一处 19 世纪中叶的防御工事。

（二）性质

玛瑙山是咸同号军起义过程中，因政府倡导，由武生钱青云捐资倡筑并担任营主用以避乱的山地营盘。其所躲避的是声势浩大的号军起义。号军在起义过程中并没有明确的政治纲领，也没有严格的纪律约束，因此所到之处烧杀抢掠，犹如流寇一般，危害极大，民间至今称其为"土匪"、"老二"。

玛瑙山营盘是如何营建起来的，又是如何管理的？前揭光绪《湄潭县志·武备志·营砦》记："武生钱青云鸠工凿石，就势建垣"。同治十三年（1874）《钱氏族谱》则表述得更为明确："我叔云翁，捐金修营于马脑山，取名金磐山。并聚族众，招练防勦，远近众皆乐输役。"钱青云墓碑称青云"预知时变，筑营□□，缮甲治兵"。可见，玛瑙山营盘是钱青云捐资，族众与周边村民投入劳力一起营建起来的。这一人群，同时也是玛瑙山武装力量的基础，"缮甲治兵"，"招练防勦，远近众皆乐输役"。可知钱青云除了捐资并主持修建营盘外，还操练人马，整饬兵器，口碑文献中"铸炮师"的传说能与之呼应。同治三年（1864）钱青云病逝于中营，其长子钱绍位"嗣立为营主"，可推知钱青云自己曾担任营主。若从咸丰七年（1857）筑营计起，至其病逝，钱青云在营中主持防御的时间有八年之久。

玛瑙山营盘所护卫的对象，光绪《湄潭县志·人物志》记"雁户如归，为一方保障"，是说流民如同归家，玛瑙山地方得以保障。同治十三年（1874）《钱氏族谱》记"地方得以偏安"。钱青云墓碑记"复建'安治营'于金磐山，近悦远来，赖为保障。为所居，一年成聚，二年成市，三年降者归者且益众"。除族众外，远近居民都赖为保障，并于营内形成聚落，形成集市，可见聚众之多，保障范围之广。

乡绅，是指在传统乡村社会中，由功名、学品、学衔和官职而获得身份、地位者。经武科考试取得武生员、武举人、武进士等学品和学衔者，亦在此列[13]。具有武生身份的钱青云是典型的乡绅，且钱青云因军功"屡膺龙、湄前后县主荐闻，钦加五品蓝翎，以藩经历，尽先试用"，声望更隆。钱氏一族中，除武生钱青云外，尚有贡生钱大用（永崇儒学）、庠生钱象乾、庠生钱作宾、监生钱嵩龄等，均为乡绅。墓碑铭文显示，与之通婚和交往的，也多是乡绅集团。社会动荡时期，在乡村具有特殊地位的乡绅的倡议和组织下，大量寨堡和团练开始涌现。

二、咸同起义与清代山城

唐代以降的今日黔北地区，曾掀起过三次较大规模的山城营建高潮：第一次是13世纪中叶宋蒙战争中修建的山城。据《宋史》卷四四《理宗四》记载：宝祐六年（1258）正月甲戌，"诏枢密院编修官吕逢年诣蜀阃，趣办关隘、屯栅、粮饷，相度黄平、思、播诸处险要缓急事宜，具工役以闻"。四月丁酉，"诏田应己思州驻劄御前忠胜军副都统制，往播州公筑关隘防御"。七月乙亥，"吕文德入播州，诏京湖给银万两"。十一月甲寅，"筑黄平，赐名镇远州"❹。《宋季三朝政要》卷二记：理宗宝祐六年（1258）正月，"鞑靼兵犯安南，田应寅乞屯泸、叙，援思、播。乃修筑思、播关隘，调兵防播州支径，差官相度，置黄平屯"❺。同书卷三又记：开庆元年（1259），"新筑黄平隘，赐名镇远州，戍兵守备，以防云南"❻。这几条记载，说的是在时之播州、思州、黄平修筑抗击蒙军的防御工事之事。考古发现确认的建于彼时的山城有海龙囤遗址❼、养马城遗址❽、鼎山城❾等。

第二次是明代修建的土司山城，尤以明万历时期播州土司与明廷矛盾激化之后所建山城为多。土司营建的山城如土官袁初曾于万历时期于土城修建金子囤、九龙囤、七宝囤和天赐囤❿。杨氏土司在万历时期营建的山地防御工事，据明人李化龙《平播全书》所记，平播战争期间，有播兵驻守的关、隘、峒、寨、囤等达数十处之多。其中寨有刘九寨、陈九寨、中山寨、泪滴三坡寨、瓦窑坪寨、石火炉寨、铜鼓寨、羊崖寨、羊桶寨等；囤有穿崖囤、天都囤、四牌囤、牛鼻囤、青龙囤、黄沙囤、盘脚囤、葛漏囤、金子囤、石虎囤、石笋囤、宴山囤、眼山囤、闵山囤、四牌高囤、龙水囤、青冈囤、板山囤、长坎囤、青蛇囤、玛瑙囤、保子囤、老鹰囤、高垭囤、母氏囤、沙刀囤、葫芦囤、李卜垭囤、长冈囤、金刀坑囤、泥坝囤、漩水囤、天邦囤、真武囤、赵生囤、四牌保儿囤、鸡婆囤等❶。

第三次是在咸同起义期间为避贼乱营建的山城。据不完全统计，贵州境内此时所遗的寨堡有千座左右，仅民国《续遵义府志·城池》即录396处之多。虽然在此前后都有寨堡的营建，但以咸同年间所建者最多（表7-1）。清康熙年间湄潭知县杨玉珠就曾撰文讨论营建山城的必要性，"楚徼之外，为古荒服，多乱少治。中原之民来此，与苗蛮杂处，非我同类，其心不测。湄潭岁去此辈较远，然建县而后，王伦之破城，妖逆之煽乱应密之发，虽不五十年而三变，非前车与加以崇山大江环之，舟车陀塞，突有意外，民无所逃。且城小不足以容众，道远不能以屯粮。倘非附近结囤据险，人为自计，几何而能存覆巢之完卵哉？盖高崖巨壑，较十雉之垣、五尺之堑，则真金汤也……切以边民缓急存亡之所托命，不可不察也。而余更闻之，遗老云：凡聚兵守囤，必有一地豪为之长。长得其人，则众拜其赐；长不得人，同恶助之"❷。在杨知县看来，据险建囤是对建在平畴间的城池的有益补充，乃边民安身立命之根本，若得一地豪强领导此举，则是幸事。民国《续遵义府志》论及咸同年间修建寨堡以自固时说，"总督张亮基以保民自重，乃奏行坚壁清野之法，于是守令得转饬乡团，以寨堡岩峒自相矜重"，可见政府确曾倚重地方武力，修建寨堡以保境安民。也就是说，寨堡的营建得到了政府的鼓励❸。

咸同年间贵州大规模农民起义，起于咸丰四年（1854），止于同治十二年（1873），三十多支起义军先后起事，几乎席卷了贵州全境。具体而言，其酝酿于道光三年至咸丰四年，发动于咸丰四年至八年，剧烈于咸丰八年至同治六年，衰落于同治六年至十年，同治十年至光绪三年转入善后❹。黔北为号军的势力范围，号军是白莲教的起义武装，因用不同颜色的头巾裹头，遂有白号、青号、黄号、红号之称。据光绪《湄潭县志》记载："道光二十年（1840）庚子，四川教匪刘义顺来龙邑长连坝传教，事败遁去。白号始此。咸丰四年甲寅（1854），桐梓叛匪杨隆喜攻遵义城，知县张志绂札各里齐团防堵。五年乙卯，都匀抬拱等处苗作乱，青号始此……开州瓮安等处教匪同作乱，黄号、红号始此。"随号军势力不断壮大，社会愈发动荡不安，乡绅开始组织团练、倡筑寨堡，用以自保。直至同治七年（1868），"楚川黔各省军麇集偏刀水，贼恃粮足，不肯即降。用开花炮轰击之,贼怯,纳降。获刘义顺、伪朱王等各渠贼。湄潭肃清"[25]。临近的凤冈玛瑙山一带号军也基本肃清,社会转向安宁。

咸同年间的社会动荡,不囿于贵州一隅,寨堡的营建也是一个全国性的现象。黄宽重论述说,清中叶以后,其正规军八旗与绿营已经十分不堪,以机动性自卫武力为特点的团练制度于是产生。太平军起事时,朝臣鉴于团练抗御白莲教乱颇有成效,纷纷建议仿效,清廷下令各地办团练。在烽火不熄、战事不绝之秋,各地百姓为避祸求生,加上政府不断地提倡,乃相继组成自卫性地方组织,形成遍地寨堡的景象。以河南为例,此时"大县堡寨二百余所,小县亦逾百所"。形势险峻要的坞、堡、壁、寨就成了自卫武力抗敌的最佳据点[26]。杨国安讨论了湖北的清代寨堡,该地寨堡的修筑主要集中在嘉庆、咸丰和同治年间,其军事防御的意图十分明显。清代中后期,随白莲教起义的爆发,地方团练的兴起,与之相配的团寨更加蓬勃发展,寨堡制度也更加严密规范[27]。

玛瑙山营盘,正是在清咸同年间全国性社会动荡,而清军不堪,政府倡导各地操办团练、修筑寨堡以自保的背景下,由乡绅钱青云捐资并主持修建的一座军事营盘,它是全国数以千计的清代山城中保存较为完好、较为典型的一例。

三、地方武力与乡村治理

19世纪是一个王朝崩溃和政治转向的历史时期,在该世纪的最后几十年里,整个清王朝专制统治体系(包括乡村治理)处于全面崩溃之中,延续数千年的王朝体系,事实上在迅速走向消亡。此时的中国乡村,为观察中华帝国统治体系衰败的基层力量和因素,乃至为探寻后继历史发展相关线索打开了一扇窗户[28]。嘉庆初年爆发的席卷川楚陕甘豫五省的白莲教起义,标志着清王朝的由盛而衰。接踵而至的太平天国起义,使清王朝正规军(八旗与绿营)的不堪显露无遗,不得不下旨民间倡办团练,行坚壁清野之法对抗起义军。各地乡绅于是遵旨纷纷创办团练、招募乡勇,并筑寨堡以卫团练,以机动性自卫武力为特点的团练制度开始形成㉙。团练与寨堡相互依存,保障一方,而乡绅是其灵魂。

在社会动荡中,以生员为主体的乡绅显示出突出的组织才能,对创办团练不遗余力,这既是为了保护自己的生命财产和既得利益,也为其在读书应试之外跻身宦籍提供了新的途径,乡绅于是普遍出现"武化"现象㉚。曾国藩、左宗棠等在湘湖地区的实践,为他地团练组织提供了借鉴,贵州地方的勇练编制即多仿照湘军㉛。

民国《续遵义府志》所载咸同年间创建的遵义寨堡,由寨首、团首、保正、举人、团绅、武生、贡生、生员、文生、副将、参将、附生等倡筑,并由他们或具有生员、文生、廪生、武举等身份的人担任寨主(表7-1)。按照张仲礼的观点,这些人均为乡绅。武生钱青云也不例外,他一方面捐金倡筑金磐山营,并任营主;另一方面,以族众为基础,招练防剿,缮甲治兵,既倡筑营盘,又操办团练。此举使得"远近众皆乐输役","雁户如归",远近居民均愿来归,投入劳役,实现自保。金磐山营的修筑,最终"地方得以偏安","近悦远来,赖为保障。为所居,一年成聚,二年成市,三年降者归者且益众"。乡绅在特殊时期所领导的武装力量,保障了一方安宁。

咸同起义,曾经导致黔北乡村的凋敝。光绪《湄潭县志》卷六《武备志》记载:"自天启迄国初,乱者叠起,至咸同间尤甚,非因兵单力微不足慑群丑欤?"硝烟四起,"携家逃难者,十室而九,及巅连万状,囊橐俱空。闻囤能抗贼,于是纷纷回籍就耕,为固守计,先后各筑营垒"。由于营盘和团练的保障,大量流民又纷纷回到原籍耕种。绝大多数的营盘内,并无可耕之地,营内储粮也无法供守营者长期食用,因此所形成的一套守御之法,即贼来则入营抵抗,贼退则下山耕种,山上与山下结合,耕战结合。

大量的山地营盘,它们是分散的、各自独立的,又合而成为一个整体,是将山地防御的理念、城堡修建的成功经验与贵州山地生态密切结合的建筑景观。诚如杨玉珠所言"高崖巨壑,较十雉之垣、五尺之堑,则真金汤也"。如此众多的山地营盘,其分布范围之广、影响之大,展示了在特殊情况下山地居民的求生本能与智慧。在詹姆士·斯科特看来，19世纪中叶，中国西南规模空前的起义高潮，导致数百万人向更高的山地寻求庇护所，展示了一种"逃避统治的艺术"（the art of not being governed）[32]。向更高的山地寻求庇护，并创造出一套与之相适应的生业文化系统，是为"上山的艺术"。山上的营盘，成为弱者的武器，面对起义军的侵扰，在政府不能提供有力保障的危急关头，乡间的底层民众在乡绅的带领下，书写着一种别样的"上山的艺术"。

四、小　　结

　　营盘的特点，出土和采集的遗物，以及文献记载均显示玛瑙山现有遗存的年代早不过清代中期。结合同治十三年（1874）《钱氏族谱》的记载，我们更倾向于认为它是钱青云于咸丰七年（1857）所创建，营内墓葬材料也支持这一认识。钱氏乃当地望族，武生钱青云则系深孚众望的乡绅，他捐资建营，并操办团练，整饬兵器，保障一方。咸同年间，在黔北号军起义背景下，由乡绅倡筑、村民自建，用以自保的塞堡大量涌现，玛瑙山即其中之一。不独贵州，在清代中晚期的社会动荡中，清军的无能显露无遗，政府倡导办团练、建寨堡，乡绅纷纷响应，其组织的武装力量成为晚清社会的一股重要势力，甚至对后来社会产生了影响。离开山下的村寨，山上的营盘成为无数人的庇护所，在起义军的进退之间，上山或下山，既耕且战，以特殊的方式维持着乡村的秩序。

　　将自保的营盘营建在村寨附近的险峻之地，一方面便于补给，另一方面便于战时与承平时期人员在山上和山下之间的往返。很显然，护卫平时居住的村庄，是这类营盘在选址时考量的重要因素之一。不同的生态环境孕育出不同的文明，草原有草原的文明，海洋有海洋的文明，沙漠有沙漠的文明，以玛瑙山为代表的山城，讲述的是山地文明的故事，所书写的是山地上的中国。

注释

❶ （民国）赵恺、杨恩元纂：《续遵义府志》卷二《城池》，巴蜀书社，2014年，第19页。

❷ （民国）赵恺、杨恩元纂：《续遵义府志》卷二《城池》，巴蜀书社，2014年，第19、20、31、33页。

❸ 贵州省文物考古研究所等：《贵州遵义市海龙囤遗址城垣、关隘的调查与清理》，《考古》2015年第11期。

❹ 张文：《火器应用与明清时期西南地区的改土归流》，《民族研究》2008年第1期。

❺ （明）李化龙：《平播全书》卷一《奏议·请内帑增将兵疏》、卷五《奏议·叙功疏》、卷一二《书札·陈总兵》，大众文艺出版社，2008年，第27、154、422页。

❻ （清）吴宗周修：《湄潭县志》卷六《武备志·营砦》，《中国地方志集成·贵州府县志辑》，巴蜀书社，2006年，第39册，第512页。

❼ （清）吴宗周修：《湄潭县志》卷六《武备志·营砦》，《中国地方志集成·贵州府县志辑》，巴蜀书社，2006年，第39册，第501页。

❽ （清）吴宗周修：《湄潭县志》卷七《人物志·孝义》，《中国地方志集成·贵州府县志辑》，巴蜀书社，2006年，第39册，第550页。

❾ 官田钱氏所藏手抄本。

❿ （清）吴宗周修：《湄潭县志》卷六《武备志》，《中国地方志集成·贵州府县志辑》，巴蜀书社，2006年，第39册，第506页。

⑪ （民国）赵恺、杨恩元纂：《续遵义府志》卷二《城池·寨堡》，巴蜀书社，2014年，第16、17页。

⑫ （明）郭子章：《黔记》卷一〇《山水志下》，《中国地方志集成·贵州府县志辑》，巴蜀书社，2006年，第2册，第243、244页。

⑬ 张仲礼著，李荣昌译：《中国绅士：关于其在十九世纪中国社会中作用的研究》，上海社会科学院出版社，1991年，第1、4页。

⑭ （元）脱脱等撰：《宋史》卷四四《理宗四》，中华书局，1977年，第861~863页。

⑮ 佚名：《宋季三朝政要》卷二，《丛书集成初编》，中华书局，1985年，第32、33页。

⑯ 佚名：《宋季三朝政要》卷三，《丛书集成初编》，中华书局，1985年，第35页。

⑰ 贵州省文物考古研究所等：《贵州遵义市海龙囤遗址》，《考古》2013年第7期；贵州省文物考古研究所等：《贵州遵义市海龙囤遗址城垣、关隘的调查与清理》，《考古》2015年第11期。

⑱ 贵州省文物考古研究所等：《贵州遵义市养马城澳川调查与试掘简报》，《考古》2015年第11期。

⑲ （清）郑珍、莫友芝编纂：《遵义府志》卷一〇《古迹》：鼎山废县，"城门尚存，石榜镌'宝祐戊午'四字"。"县峙群山之巅，周围峭壁，缺处砖砌若鼎，故名鼎山。一径盘折，城门双拱。池水、营堑尚存。"巴蜀书社，2013年，第165页。

⑳ 遵义市政协文史与学习委员会：《赤水河古镇》，中国文史出版社，2011年，第77、78页。

㉑ （明）李化龙：《平播全书》，大众文艺出版社，2008年，第61~155页。

㉒ （清）吴宗周修：《湄潭县志》卷六《武备志·营汛》，《中国地方志集成·贵州府县志辑》，巴蜀书社，2006年，第39册，第513页。

㉓ （民国）赵恺、杨恩元纂：《续遵义府志》卷二《城池·寨堡》，巴蜀书社，2014年，第13页。

㉔ （民国）凌惕安编著：《咸同贵州军事

㉕ （清）吴宗周修：《湄潭县志》卷六《武备志》，《中国地方志集成·贵州府县志辑》，巴蜀书社，2006年，第39册，第506~509页。

㉖ 黄宽重：《从坞堡到山水寨——地方自卫武力》，《南宋史研究集》，新文丰出版公司，1985年，第349页。

㉗ 杨国安：《社会动荡与清代湖北乡村中的寨堡》，《明清史》2002年第2期。

㉘ 萧公权著，张皓、张升译：《中国乡村：19世纪的帝国控制》，九州出版社，2018年，"序"第1、2、10页。

㉙ 杨国安：《社会动荡与清代湖北乡村中的寨堡》，《明清史》2002年第2期。

㉚ 杨国安：《社会动荡与清代两湖地方士绅阶层——以咸同年间团练为中心的考察》，《人文论丛》2003年卷。

㉛ （民国）凌惕安编著：《咸同贵州军事史》，《续黔南丛书》第二辑，贵州人民出版社，2012年，下册，第519、520页。

㉜ 〔美〕詹姆士·斯科特著，王晓毅译：《逃避统治的艺术：东南亚高地的无政府主义历史》，生活·读书·新知三联书店，2016年，第3页。

结语

考古、文献与口碑

玛瑙山营盘是在清代咸同起义背景下，由政府倡导、乡绅主持营建的一处自卫性山地营垒，由当地乡绅钱青云倡建于清咸丰七年（1857），是数量庞大的清代山城的代表性遗存，也是窥视19世纪中后叶中国王朝体系全面崩溃时期乡村治理情况的一面镜子。对此，学界基于文献的讨论已有不少成果，但对一座具体的山城通过细致的田野工作予以剖析的，尚鲜闻其例。我们所做的，正是这样的尝试。

　　我们的田野工作从三个方面展开：一是对全营的遗存，包括垣墙、门道、碉楼、哨台、射击孔、炮台、房址、墓葬、匾额、碑刻、夹杆石、道路、地下空间等进行全面调查、记录与测绘，并佐以适当的试掘。这是判定全营格局与年代的基础。二是对周边相关遗存进行调查与记录，主要包括窑址、官田古寨与钱氏祖茔等，对墓碑铭文进行全面捶拓，并结合族谱对碑文进行了考释，以拓展对玛瑙山营盘与当地社会的认识。三是对族谱资料和关于玛瑙山的口碑传说进行搜集与整理，看见一个不一样的玛瑙山。

　　这样的努力，也反映在本书的书名中。"考古、文献与口碑"，即是我们从三个不同的方面，或用三类不同的材料来重构玛瑙山的尝试。考古，是通过田野考古的手段获取的考古资料，我们采用的是地面踏勘与试掘相结合的方式。文献，指关于玛瑙山以及当时社会背景的相关文字记载，主要体现在方志、族谱与墓葬碑文中。如果官修方志代表官方文献，族谱与墓葬碑文则属私家文献，它们对玛瑙山的记载基本一致，可与考古材料相互印证；相关方志则勾勒出19世纪中后叶中国乡村动荡而复杂的社会背景。口碑，是民间口口相传的关于玛瑙山的传说，这是一种活着的、流动着的，也异常生动的文本，反映当地居民对玛瑙山的理解。在某种意义上，这也是文献之一种，即口碑文献，它对玛瑙山的认知有血有肉，也超越了一般文献的范畴，如将玛瑙山与宋绍兴年间的任正隆起义联系在一起，便有了更为广阔的叙事的时空。但这一说法目前难以得到考古发现的支持，有待将来更为深入的田野工作予以证实或证伪。

　　对晚期遗存而言，上述三个方面的材料都较为丰富。当鲜活的事象成为历史，埋藏在黄土深处的历史遗迹，由时人或后人书写的文字，以及坊间口口相传的故事,便成为探究历史肌理的重要线索。将考古、文献与口碑二者相结合重构历史的研究取向,我们在海龙囤的实践中已经进行了有益的尝试❶,此次是将之运用在更为晚近的遗存中,试图进一步深化,但对口碑文献背后所隐藏的历史内涵的挖掘仍显不足。不过,这似仍可视为晚期考古学研究的一种有效的方法,郑岩、汪悦进对庵上坊的研究,便使用了同样的方法❷。多种材料的结合,是晚期考古学研究的应有之义。

从海龙囤到玛瑙山,都书写着谷地人群在特殊情况下向险峻山地寻求庇护的生存智慧,美国学者詹姆士·斯科特称之为"逃避统治的艺术"(the art of not being governed)❸。不同之处在于,以海龙囤和玛瑙山为代表的两类遗存背后的人群,上山之后并未割断与谷地的联系,广袤的河谷与盆地仍是其生活来源的重要支柱,于两地之间机动穿梭,折射出山地文明的别样景观。

回到玛瑙山,从一个山城的深入解剖,到通过族谱与墓葬碑文揭示的遗存背后的乡绅豪族,再到利用相关文献勾勒19世纪中后叶中国王朝体系全面崩溃时期中国乡村的一般情景,我们试图在一个广阔的背景中来解读这类遗存的意义,使考古学的研究、历史文献的研究和历史人类学的研究有机结合起来,助推尚不太被重视的清代山城的梳理,从而呈现一个山地上的中国。能否如愿,我们则心怀忐忑。

注释

❶ 王兴骥、谢爱玲、李飞:《播州土司民间传说》,社会科学文献出版社,2014年;贵州省文物考古研究所编著:《古播遗踪:播州杨氏的历史遗迹与口碑传说》,贵州人民出版社,2015年。

❷ 郑岩、汪悦进:《庵上坊:口述、文字和图像》,生活·读书·新知三联书店,2008年。

❸〔美〕詹姆士·斯科特著,王晓毅译:《逃避统治的艺术:东南亚高地的无政府主义历史》,生活·读书·新知二联书店,2016年,第3页。

后　　记

　　欣然接受玛瑙山考古任务的前提是我们在多年田野考古基础之上对海龙囤的认知，以及对山城所秉持的兴趣。很显然，这不是一项轻松的工作，因为此前我们对清代山城缺乏认识，并且所给予的经费与时间也较为有限。但我们仍以极其饱满的热情，在一个寒冷的冬天，一头扎入玛瑙山冰冷的怀抱，并用最快、最有效的方式科学地获取了本书编纂所需要的所有材料。

　　本书的框架是在队伍入驻之初就拟定的，之后结合具体工作稍有调整。这也成为队伍分工协作的指导方案，引导团队从不同方面最大限度获取历史信息。

　　玛瑙山的田野工作由贵州省文物考古研究所韩文华、谢长勇、黄昆明、赵恩春，凤冈县文物管理所周志龙，云南大学考古研究中心高源、李炎合力完成。具体而言，在集体调查的基础上，谢长勇、黄昆明负责全营的测绘，黄昆明还拍摄了航片；韩文华负责墓地调查、碑文捶拓与营内的试掘工作；李炎负责墓碑文字的初步释读；高源负责玛瑙山口碑传说的搜集与整理；周志龙、赵恩春负责协调与后勤工作。

　　本书撰写过程中，谢长勇利用业余时间对遗址总平面图和遗迹单位的平、剖面图进行了全面修改，并起草了出土和采集遗物部分的初稿。在外打工的钱氏后人钱九州专程赶回玛瑙山，对家藏族谱资料进行了拍摄以供研究。凤冈县政协文史研究员王珺偲结合文献和口碑传说完成了《"咸同号乱"与玛瑙山》一文，对玛瑙山战事交代尤详，经其同意，收录在本书的第六章中。又据胡进研究员的意见，补入由干国禄、吴正光两位先生撰写的《蓝白场》一节。本书的其余部分由李飞执笔完成，每成一章，便发布在田野工作期间所建立的"玛瑙山我来了"微信群内供大家讨论，根据意见再行修改。因此，本书是集体创造的成果。但若有不当或遗漏之处，责任在我。

田野考古工作得到了贵州省文物考古研究所周必素所长的全力支持，派出精干的队伍，保障了工作的顺利完成。本书撰写工作得到贵州省博物馆陈顺祥馆长、王曼书记的鼎力支持，给予了充分的时间，保证了编写工作的有序推进。本书的顺利出版，则得到了凤冈县文体广电新闻出版局薛维局长的大力支持，他玉成此事，并不断敦促，保障了书稿按期完成。当整理遇到困难，每每想放弃时，是柏小萌大夫的鞭策与鼓励，方又重拾信心。贵州省文物考古研究所原所长梁太鹤研究员、贵州省博物馆胡进研究员、贵州省博物馆刘秀丹副研究员通读全稿，并不吝赐教，他们的真知灼见已反映在文稿中。贵州省博物馆朱良津研究员慷慨赐字，题写了本书的书名。科学出版社的柴丽丽女士，为编辑此书付出了许多心血。在此一并致谢。

本书的付梓，意味着玛瑙山的工作有了一个阶段性的小结，而更早启动、也更为艰巨的海龙囤发掘资料的整理与报告的出版则因各种因素的制约而遥遥无期。希望这本小书能让我们保持思考、保持斗志，早日完成海龙囤报告的编写这一未竟的志业。

李　飞

2018年8月8日

于观山湖畔